오늘 더 the 사랑해

오늘 더 사랑해
I Love You More Today

2008. 5. 23. 초판 발행   2015. 2. 2. 47쇄 발행   **지은이** 선·정혜영
펴낸이 정애주 국효숙 김기민 김의연 김준표 박상신 박세정 박혜민 송승호 염보미 오민택 오형탁 윤진숙 임승철 정한나 조주영 차길환 한미영
펴낸곳 주식회사 홍성사   **등록번호** 제1-449호 1977. 8. 1.   **주소** (121-885) 서울시 마포구 양화진4길 3   **전화** 02) 333-5161   **팩스** 02) 333-5165
홈페이지 www.hsbooks.com   **이메일** hsbooks@hsbooks.com   **트위터** twitter.com/hongsungsa   **페이스북** facebook.com/hongsungsa
양화진책방 02) 333-5163   ⓒ 선·정혜영, 2008   •잘못된 책은 바꿔 드립니다.   •책값은 뒤표지에 있습니다.
ISBN 978-89-365-0782-4 (03810)

홍성사.

오늘 더 the 사랑해

선
정혜영 지음

홍성사

Contents

MA'BOO
나의 천사, 혜영이

MISS SEAN
엄마를 닮은 작은 천사, 하음이

LIL SEAN
하나님이 주신 두 번째 선물, 하랑이

ONE LOVE
행복을 알려 주는 이들

ILL SKILLZ
혜영이의 달란트

When a boy meets a girl...

혜영아, 어제보다 오늘 더……너를 사랑해……. SEAN

남편과 연애할 무렵,
그때부터 남편의 가슴속에 살아 숨쉬는 그분을 만나기 시작했다.
그리고 내게도……
언제나 맑은 웃음을 가질 수 있도록 비밀의 열쇠를 주셨다. HY

2004년 1월 1일 오전 6시
6,000명 앞에서 혜영이에게 프러포즈를 했다.
"혜영아, 나와 결혼해 줄래?"

Ma' Boo
나의 천사, 혜영이

feat. 정선희

혼자서도 충분히 아름답고, 화려하고, 빛이 나던 두 사람이 만나
나눔과 어울림의 미학을 깨닫게 해 준, 최고로 멋진 커플!!
요란하지 않아도 서로를 바라보는 눈빛에서
'행복'이란 두 글자가 읽혀지는 너무 아름다운 부부.
오래오래 행복하세요!

정선희

첫 선물, 신발?

만난 지 얼마 안 되는 남자친구에게
첫 선물로 신발을 받았습니다.
사랑하는 이에게 신발을 사 주면 나중에
그 신발을 신고 떠난다는 말이 있기에
좋아하는 사람에게는 신발은 선물하지 않는다고 들었습니다.
신발 선물에 조금 의아해하는 제게
제 남자친구는 이렇게 말했습니다.
"좋아하는 사람에게 신발을 선물하면
나중에 신발 신고 도망간다는 얘기도 있지만
나는 이 신발을 신고 **내게 달려오라는** 의미로 선물하는 거야."
그 신발을 선물 받고 시간이 흘러
3년하고 몇 개월 후에 그와 결혼을 했습니다.
신발에 담긴 의미대로 전, 남자친구에게 3년 넘게 달려가
이제는 그의 아내가 되어 **둘이 아닌 하나**로 서로 사랑하며,
같은 곳을 바라보며, 행복하게 살아가고 있습니다. HY

KISSES CHOCOLATE

혜영아
너의 KISS를 받기 위해서는
이 팀버랜드 부츠를 신고
1,000킬로미터라도 달려가겠어.
Happy Valentine's Day!
우리의 **첫** 2월 14일에. SEAN

나의 아내 혜영이에게

우리가 부부가 된 후 처음 맞는 밸런타인데이!
초콜릿처럼 달콤한 너의 사랑을
마음으로 먹으면서 사는 하루하루가 꿈만 같아.
1년 365일 매일매일을 밸런타인데이처럼
더욱더 향기롭고 달콤한 사랑을 해 가는 우리가 되자.

주님께서 초콜릿 대신 너를 나에게 선물해 주신 2월 14일,
너를 사랑하는 남편이

Walking towards heaven……

같은 곳을 향하여
서로 사랑하며 아끼며 위로하며 예쁘게 살 거예요.

우리 둘 사이에……

서로 사랑하는 사이일수록
바람이 춤을 출 수 있는 공간을 두세요.

내가 대신 아파 줄 수만 있다면

나에게는 멘토와 롤 모델이 되어 주시는 분이 계시다.
바로 이재철 목사님. 하나님께서는 내가 은혜 받고 들뜰 수 있는 시기에
쉽지 않은 만남을 허락하셨고 그때 목사님은
나를 차분하게 가라앉혀 주시고,
말씀으로 채워 나가라고 말씀해 주셨다.
만남 전에도 책으로 그분의 영향을 많이 받았었다.
그런 목사님을 그리고 목사님의 귀하신 사모님을
아직 주님을 잘 모르던 나의 피앙세 혜영이에게
소개해 주고 싶어 점심 약속을 잡았다.
2004년 6월 6일.
목사님 댁에 도착하기 5분 전에 전화를 드렸다.
그리고 도착하자 목사님이 바로 나오셨다.
사모님은 몸이 아프다고 하셨다.
그리고 조금 있다가 아프신 몸을 이끌고 사모님이 나오셨다.
도저히 나올 상황이 아니었지만
우리와의 약속 때문에 아픈 몸을 이끌고 나오셨다.
그리고 인사동의 유명한 식당에 가서 점심을 시켰다.
하지만 오전에 급체를 했다고 하신 사모님은
한 숟갈 드시지도 못하고 계속해서 자리를 뜨셨다.
너무 미안하게 생각하는 우리에게
오히려 사모님이 미안하다고 하셨다.

식사가 거의 끝날 무렵
또 자리를 비우셨다가 돌아와서 앉으시는 사모님에게 목사님이
"내가 대신 아파 줄 수만 있으면 그렇게 하겠는데"라고 말씀하셨다.
그냥 말이 아닌, 정말 대신 아파해 주시고 싶은 마음이
목사님의 눈과 목소리에 담겨 있었다.
나는 그 순간 목사님을 통해 예수님을 봤다.
예수님도 내게 "내가 대신 아파 주겠다"고,
"내가 너의 죄를 대신하여 죽었다"라고 말씀하고 계셨다.
깊은 감동의 점심식사가 끝난 후
목사님 내외분과 헤어지고 나서 혜영이는 내게
자신도 목사님이 말씀하실 때
마음이 뭉클했다고 얘기했다.
그리고 오늘 목사님 부부에게 감동을 받은 것처럼
우리도 결혼한 후 시간이 흘러
목사님 부부의 나이대가 되어 청년들과 만났을 때
오늘처럼 깊은 감동을 주는 부부가 되자고 약속했다.
나는 마음속으로 다짐했다.
혜영이를 예수님의 사랑으로 사랑하겠다고,
그리고 혜영이가 아플 때
진심으로 대신 아파 줬으면 하는 마음으로 살겠다고. SEAN

우리 점점 닮아 가는 것 같아요

부부는 점점 닮아 간다더니 우리도 서로를 닮아 가는 것 같아요.
전 그런 점도 너무 재밌고 좋아요.
남편이 가진 크나큰 사랑,
삶으로 보여 주는 그런 사랑을
저도 닮아 가길 기도합니다.

여보, 사랑해! 그리고 늘 고마워…….

보고싶은 오빠에~❤
우리 오늘밤만 자면 진짜자 함께 있을거야?
시간이 가긴 가나봐~*

〈내가산 침대에서 꿀꿀쭝꾸여 프린세스 잠 자

가든늘 오끝에 물2자 두었고
나놔봐요...... 우리.....
       사랑해요....❤
         '04.19.6 우리축이가

하나님과 사람들 앞에서
둘이 아닌 하나로 살아갈 것을 약속합니다.

보석캐기

"내 영혼이 은총 입어 중한 죄짐 벗고 보니……
초막이나 궁궐이나…… 그 어디나 하늘나라"

아련히 덕소가 마주보이는 언덕에 연보라빛 장미가 깔려 있는 결혼식장의 분위기,
하객 한 사람 한 사람이 앉을 좌석까지 지정한 성의,
축의금도 받지 않는, 신랑·신부 반지 하나만 주고받는 요란하지도 소란스럽지도 않은
간결한 네 결혼식에서 울려 퍼진
"여기에 모인 우리 주의 은총 받은 자여라……."
정말 그랬다.
하객 모두가 너희에게 뻗친 축복의 손들 사이로
울려 퍼진 축복송은 정말 하나님의 선물이었다.
모두가 너희들이 정말 하나님의 신실한 연예인이 될 것을
그래서 하나님이 살아 역사하심을 증거하는 증인이 될 것을
간절히 바라고 기도하고 있었다.

유난히도 긴 팔을 너희에게 뻗어 찬양하시는 장경철 목사님의 옆모습을 보며
또 하나님의 마음을 읽은 난, 아예 손을 들고 찬양할 수밖에 없었다.

떠나고 싶지 않은 결혼식을 준비한 이는 너희들이 아니고 하나님이셨다.
결혼식 날 새벽예배에 나와 하나님께 예배하는 너에게 그분이 주신 선물…….

대견하고 고맙고,
서로에게서 보석을 캐기 위해 열심히 수고할 것을 당부하며,
축복한다.

주님 안에서 김선희

▪결혼하기 전 몇 년 동안 나의 멘토가 되어 주신 분.
결혼식에 오셔서 축복해 주시고 다음 날 내게 보내 주신 이메일 내용이다. SEAN

초콜릿으로만 사랑을 전해야 한다면 난 매일 당신에게 초콜릿을 주겠어.
'사랑해'란 말로만 사랑을 전할 수 있다면 내가 알고 있는 모든 단어들을 머리에서 지우고 '사랑해'란 말만 매순간 하겠어, 평생 동안.
하지만 내가 아는 사랑은 초콜릿보다도 '사랑해'란 말보다도,
같이 호흡하며, 기쁠 때나 슬플 때나 같이하고, 우리에게 주어진 시간들을 함께하며 나누는 것인 것 같아.
내가 첫 번째 밸런타인데이 때 너의 키스를 받기 위해서
1,000킬로미터라도 달려가겠다고 말했잖아.
내가 1,000킬로미터나 달려가지 않게 내 옆으로 와 줘서 고마워!
우리가 나누는 사랑이 우리 가정에 가득 차서
우리 이웃에게도 나눔으로 이어질 수 있어서 나는 너무 기뻐.
혜영아, 우리 하나님을 더욱더 사랑하자.
너와 나도 더욱 사랑하자.
우리 하음이도 더욱 사랑하자.
그리고 우리 이웃도 더욱 사랑하자.
우리에게 주어진 시간 동안 하나님께서 기뻐하실 만큼 사랑하며 살자.

Happy Valentine's Day! I Love You!

지금도 당신을 볼 때마다 가슴이 '콩닥' 하고 뛰는 남편 선이

제 남편은 예수님을 닮았습니다

나는 남편을 통해 하나님을 만났습니다.
그리고 기도 응답도 체험하고 성경말씀을 통해
하나님을 알아 가고 있습니다.
하나님은 분명히 살아 계십니다.
하루하루 살아가면서 전에는 잘 알지 못했던
하나님께서 내 삶의 아주 작은 부분까지 만지시고 관여하시는 걸 체험합니다.
하지만 초신자인 저는 순간순간 하나님이
계시다는 걸 잊어버리곤 합니다.
일이 잘될 때는 하나님이 나와 함께하시고 축복하시는 것 같고
일이 잘 안 되거나 힘든 일이 생겨서, 기도해도 제가 원하는 대로 일이
안 풀리면 하나님이 정말 계신가 하는 생각이 들 때도 있습니다.
그러고는 하나님을 잊어버리고 제 힘으로 살려고 합니다.
하지만 그럴 때마다 제 남편을 바라보면 예수님이 생각납니다.
**예수님을 한 번도 본 적 없지만, 정말 신기하게
제 남편의 모습에서 예수님이 보입니다.**
어떤 상황에서도 웃음을 잃지 않는 남편을 보면 신기합니다.
일이 잘돼도 감사, 잘 안 돼도 감사, 급한 일도 별로 없는
정말 별로 걱정이 없는 그런 사람입니다.
하나님은 분명히 살아 계십니다.
순간순간 하나님이 살아 계심을 잊곤 하는 제가 안쓰러우셔서
제 남편을 통해 예수님을 보게 하십니다. 제 남편 안에 살아 계신 예수님이
남편의 모습을 통해 제게, 하나님은 항상 저와 함께해 주신다고 알려 주십니다.
하나님은 나를 사랑하십니다.
그리고 예수님을 직접 보지는 못했지만
제 남편은 예수님을 닮은 사람입니다. HY

혜영이와 만난 지 2,000일 되는 날 저녁
나는 아내와 하음이를 데리고 우리가 처음 만난 곳에 있는 식당에 외식을 하러 갔다.
잠들어 있는 하음이를 바라보면서 행복해하는 혜영이에게 나는 이런 제안을 했다.
"혜영아, 우리가 만난 지 2,000일 됐는데 그동안에 있었던 가장 행복했던 일들 다섯 가지씩 말해 볼까?"

션이 말한 가장 행복했던 일 베스트 5

1. 너와 처음 만났을 때(첫눈에 반해 가슴이 콩닥콩닥 뛰던 설렘).
2. 현석이 형한테 일주일 동안 부탁해서 겨우 전화번호를 알아내 너와 처음 통화한 날.
3. 처음 교회 같이 갔을 때(여자친구와 같이 예배드리는 게 나의 작은 꿈이었거든).
4. 혜영이가 10개월 동안 수고하고 하음이가 세상에 나온 날.
5. 당신이 나와 같이 지내면서 행복해하는 모습을 보는 그 순간순간이 너무 행복해.

혜영이가 말한 가장 행복했던 일 베스트 5

1. 어릴 적부터 꿈꿔 오던 이쁜 결혼식.
2. 만난 지 얼마 안 돼서 내가 감기 걸렸을 때. 눈도 많이 오고 아주 추운 겨울날이었는데, 차도 없는 당신이 저녁에 교회에 갔다가 먼 우리 집까지 내가 먹고 싶은 아이스크림을 두 개 사 가지고 와서, 하나를 먹으라고 주면서 하나는 녹는다고 눈 속에 묻어 두며 나를 감동시킨 날.
3. 우리 만난 지 1,000일 되던 날. 나는 기억도 못하고 있었는데 미국에 있던 당신이 전날 저녁까지 나와 통화하고 그날 아침 7시에 우리 집 초인종을 누르며 1,000일 축하한다고 했을 때.
4. 당신 콘서트 때 6,000명 관객 앞에서 나에게 프러포즈 한 날.
5. 당신과 만나는 동안 당신이 해 준 수많은 이벤트 그리고 내가 말한 네 가지 외에도 너무 많은 행복한 순간들이 있었지만, 그중에서 제일 행복했던 건 당신을 통해 하나님을 만난 거야. 하나님을 만난 게 나에게 가장 큰 행복이었어.

하나님은 나의 기도를 들어주셨다. 나의 아내로 하여금 하나님을 만나게 하시고
나의 아내의 입술로 하나님을 만난 게 가장 큰 행복이라는 고백을 하게 하셨다.
그리고 나에게 가장 행복한 순간을 주셨다.

혜영이를 만나는 2,000일 동안 가장 행복했던 순간 중에서 최고로 행복한 순간은,
혜영이가 나를 통해 하나님을 만난 게 가장 큰 행복이라고 고백하는 바로 이 순간이다. SEAN

하음이가 뱃속에 있을 때, 자랑스럽게 배 내밀고.

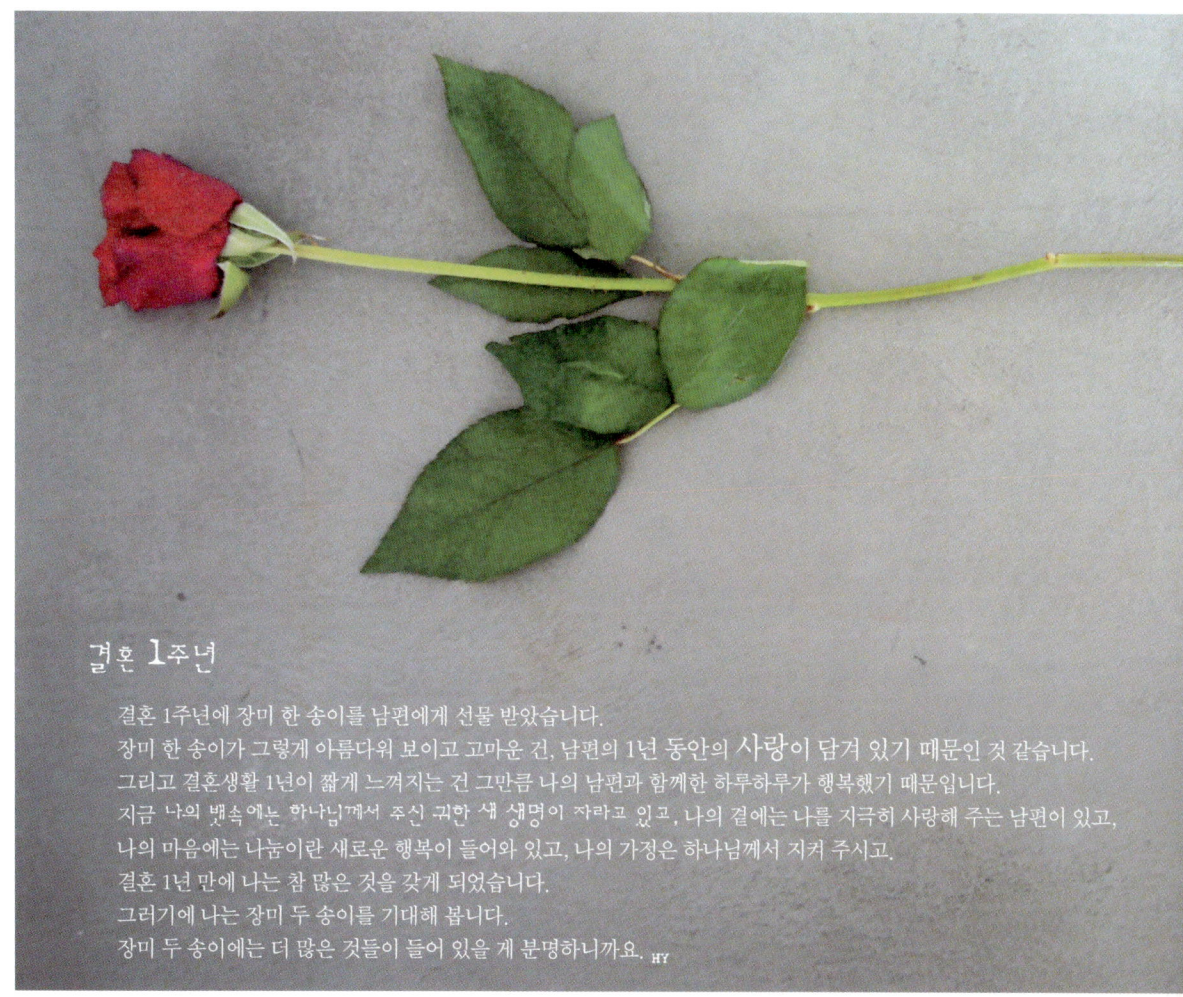

결혼 1주년

결혼 1주년에 장미 한 송이를 남편에게 선물 받았습니다.
장미 한 송이가 그렇게 아름다워 보이고 고마운 건, 남편의 1년 동안의 **사랑**이 담겨 있기 때문인 것 같습니다.
그리고 결혼생활 1년이 짧게 느껴지는 건 그만큼 나의 남편과 함께한 하루하루가 행복했기 때문입니다.
지금 나의 뱃속에는 하나님께서 주신 귀한 새 생명이 자라고 있고, 나의 곁에는 나를 지극히 사랑해 주는 남편이 있고,
나의 마음에는 나눔이란 새로운 행복이 들어와 있고, 나의 가정은 하나님께서 지켜 주시고.
결혼 1년 만에 나는 참 많은 것을 갖게 되었습니다.
그러기에 나는 장미 두 송이를 기대해 봅니다.
장미 두 송이에는 더 많은 것들이 들어 있을 게 분명하니까요. HY

남편의 감동적인 2주년 이벤트였습니다.
남편은 새벽 꽃 시장에 가서 장미 두 송이를 산 후
2년 전에 우리가 결혼했던
결혼식장 들어가는 길에 놓아 두었습니다.
카드와 함께.
꽃과 카드를 처음 봤을 때
남편이 준비했으리라고는
전혀 생각을 못했습니다.
그런데……
나는 이 세상에서
가장 아름다운 결혼 선물을 받았습니다.
장미 두 송이와 남편이 써 준 카드!

결혼 3주년

올해도 결혼기념일에 남편에게 장미를 선물 받았습니다.
첫 번째 기념일에 장미 한 송이.
두 번째 기념일에 장미 두 송이.
그리고 이번 세 번째 기념일에 장미 세 송이.
아침 일찍 혼자서 '밥퍼'를 갔던 남편이
점심 시간 조금 지나 웃음을 지으며
장미 세 송이를 들고 들어오면서
결혼 3주년 축하한다고 했습니다.
남편이 너무 고마웠습니다.
감사하는 마음, 내가 남편과 결혼하면서 받은 선물입니다.
결혼기념일에 남편과 같이 결혼식 발자취를 밟는 일을 올해는 하지 못했지만,
나에게는 우리 둘째 하랑이라는 큰 감사가 있었습니다.
밥퍼에 가지 못했지만 내 몫까지 열심히 일하고, 최일도 목사님께서
점심 같이 하자고 하시는데도
내가 점심을 혼자 먹을까 봐 빨리 돌아와 준 남편이 감사했습니다.
그리고 나와 아이 둘을 돌보느라 정신없는 와중에도
장미 세 송이를 준비한 남편이 감사했습니다.
결혼 전부터 남편의 모습에서 본 행복,
'작은 것에 감사'에서 오는 행복이었습니다.
결혼을 하고 나 또한 행복해졌습니다.
'작은 것에 감사'를 배웠기 때문입니다.
결혼 3주년에 나는 장미 세 송이로 행복해졌습니다.
'작은 것에 감사' 하기 때문입니다. YH

굳이 할 필요 없는데

혜영이가 설날, 하음이 친할머니께 드린다고
김치를 담근다.
아이 둘을 키우느라 너무 바쁜데…….

요리 배우러 가서 익힌 걸
너무 맛있다고
드리고 싶다고 한다.
자신이 만들어 드린다는 걸 너무 기뻐하면서
열심히 한다.
굳이 할 필요 없는데…….

나는 혜영이의 모습에서
크리스천의 모습을 본다.
우리 크리스천은 해야 할 일만 하는 게 아니라
굳이 할 필요 없는 일도
기쁜 마음으로 해야 한다.
예수님께서 굳이 이 세상에 내려와
십자가를 지실 필요가 없었지만
우리를 위해 하신 것처럼 말이다. SEAN

혜영이에게

당신을 사랑한다는 게 나에게 얼마나 큰 행운인지 몰라.
당신과 살아간다는 게 나에게 얼마나 큰 행복인지 몰라.
"하나님을 알게 된 게 가장 큰 행복이야"라는
당신의 고백이 나에게 얼마나 큰 축복인지 몰라.
세상에서 가장 좋은 친구로
세상에서 가장 좋은 아내로
세상에서 우리 하음이의 가장 좋은 엄마로 살아 줘서
너무 고마워.
주님 안에서 하나가 되어 당신과 함께 살아 온 2년은
감사 그 자체였어.
2년 전 우리 결혼식을 통해 보여 주셨던 수많은 기도 응답들,
우리가 살아 온 2년 동안 우리 가정의 주인이 되어 주신
예수님의 사랑을,
우리 감사하며 이웃에게 전하며 살아가자.
결혼 2주년 축하하고
혜영아, 사랑해!

2004년 10월 8일보다 결혼생활 2년이란 시간만큼 더 행복해져 있는
당신 남편 SEAN이

네 번째 손가락 반지

나의 왼손 네 번째 손가락에는 반지가 끼워져 있다.
이 반지는 '이 세상에서 가장 귀한 여자가 나와 평생 같이한다' 라는 걸 의미한다.
그래서 살아가면서 결혼한 사람이라 손해 보는 것이 있을지라도
나에게는 손해 같지 않다.
이 세상에서 가장 귀한 여자가
내 옆에 있기 때문이다.

나의 마음에도 또 하나의 반지가 끼워져 있다.
바로 예수님이 끼워 주신 반지다.
이 세상에서 크리스천으로 살아가는 게 때로는 손해일 때가 있다.
세상적인 손해.
하지만 나는 그 손해가 전혀 손해 같지 않다.
왜냐면 내 마음에는
이 세상 그 무엇과도 바꿀 수 없는 예수님이 계시기 때문이다. SEAN

부부란? 서로 마주 보며 웃어 주기

산토리니와 이탈리아에서 천사와 함께!

나의 천사, 혜영 당신의 입가에 환한 미소가 영원하길 기도할게. SEAN

우리 동네 합정동에 동네와 썩 어울리지 않는 빵집이 생겼다.
강남에나 있을 법한 빵집이 도로변도 아닌 주택가에,
그것도 벅적벅적한 시장 근처에 생겼다.
빵을 좋아하는 나는 오픈하는 날 가서 몇 가지의 빵을 먹었다.
너무 맛있었다.
그리고 얼마 후 그 전에 자주 가던 프랜차이즈로 된
상당히 유명한 빵집에 가서 빵을 사 먹었다.
전에 자주 먹던 빵인데 맛이 별로였다.
다시 먹고 싶지 않았다.
동네에 새로 생긴 그 빵집이 간절히 생각났다.
'내일 문을 열면 가서 사 먹어야지.'
정말 맛있는 빵을 먹어 본 후에는
전에는 맛있다고 생각한 빵일지라도 맛이 별로이고
더 이상 먹고 싶지 않아지는 것 같다.
좋은 걸 경험한 후에는 그보다 못한 걸 찾지 않게 되는 것처럼.

나의 삶도 그런 것 같다.
예전에는 세상 일들이 너무 재미있었다.
나는 세상을 좋아했다.
그런데 고귀하신 예수님께서
그분과는 전혀 어울릴 것 같지 않은 나, 죄인의 마음에 찾아와 주셨다.
예수님을 진심으로 사랑하고 따르는 사람에게나 계셔야 될 거 같은 그분이
나를 찾아 주신 것이다.
그리고 나는
예수님을 만나고 세상에서 가장 맛있는 삶을 맛봤다.
연예인으로서 크리스천으로서 살아가기가 힘들지 않느냐는 물음을 가끔 받는다.
연예인만이 아니라 어떤 직업인일지라도
이 세상의 수많은 유혹을 뿌리치고, 맛있는 삶처럼 보이는 것들을 뿌리치고 살기란
쉽지 않은 거 같다.
하지만 정말 맛있는 삶, 최고의 행복한 삶,
바로 예수님과 함께하는 삶을 진정으로 맛본다면
그전에 재미있고 맛있게 느껴졌던 세상의 삶이 더 이상 맛있게 느껴지지 않는 것 같다.
그래서 나는 매일 예수님빵집으로 향하려고 한다.
내가 맛본 최고의 맛이기에……   SEAN

나의 천사, 혜영이에게

혜영아, 내가 말했었지?
나는 천사와 사는 행복한 나무꾼이라고,
이제는 하음이까지 생겼으니 두 천사와 사는 행복한 사람이라고.
난 항상 감사해, 네가 내 옆에 있어서.
그리고 예수님이 우리 가정의
주인이 되어 주셔서.
네가 우리 결혼 2주년 때 '밥퍼'에서 봉사한 뒤 말했었지.
"작은 걸 나누지만 큰 행복을 가지고 돌아온다"고.
우리 가정에 가득한 행복과 감사는
우리 이웃과 나눌 때 더 큰 행복으로 돌아오는 거 같아.
배우로서 많은 사람에게 기쁨을 주고
나의 아내로서 그리고 하음이의 엄마로서
우리 가정의 천사가 되어 주고
천사로서 우리 이웃에게 행복과 물질을 나누고
예수님의 사랑을 전하길 기도할게.
천사로 불리는 것도 기분 좋은 일이지만
천사로 살아가는 것은 더 좋은 일인 거 같아.
평생 천사회원 된 거 축하하고
혜영아 사랑해!

네가 내 옆에 있다는 그 이유 하나로 오늘도 감사하고 행복한 남편 SEAN이

P. S. 3개월 동안 〈90일, 사랑할 시간〉 촬영하느라 수고했어.
   너는 나의 영원한 스타야!

천국에 가서도

저는 이런 꿈을 가져 봅니다.
천국에 가서도 남편과 같이 부부로 사는 꿈을.
저는 천국을 알지 못했지만
남편을 만나 천국에 대해서 알게 되었습니다.
그리고 천국에 대한 소망도 갖게 되었습니다.
천국에 가 본 적은 없지만
남편과 결혼해서 가정을 꾸리고 행복하게 살면서
그냥 '우리 가정이 작은 천국이다'라고 생각하며
행복하게 살고 있습니다.
이렇게 서로 사랑하며 서로 아끼며 그리고 서로 감사하며 살다가
이 세상에서의 우리 삶이 끝나고 천국에 가게 되는 날,
저는 하나님 앞에 서게 될 것입니다.
그리고 말도 안 되는 일일 수도 있지만 하나님께 부탁드리겠습니다.
천국에 가서도 제 남편과 부부로 살게 해 달라고.

나의 사랑하는 아내에게

32년 전,
오늘 당신이 이 세상에 태어나 줘서 얼마나 감사한지 몰라.
하나님께서 계획하시고 당신을 세상에 보내 주시고
사랑 안에서 우리가 하나 되고 그리고 사랑의 결정체인
하나의 귀한 생명이 당신의 뱃속에 있다는 사실들이
내가 감사하며 살아갈 수 있는 크나큰 이유야.
오늘 하루는 더욱더 당신에게 잘해 주고
행복하게 해 주고 싶었는데……,
근사한 레스토랑도 데리고 가고 싶었는데…….
이번 생일에 못 해 준 것, 앞으로 살아가면서 맞이하는 생일들이
기억에 남을 수 있게 특별히 준비해 줄게.
아니 앞으로 우리 둘이 살아가는 하루하루가 최고의 날들이 되게
노력할게. 그래서 우리가 함께한 오늘이 마지막이 되더라도
절대 후회 없게, 오늘 하루가 우리가 살던 날 중
가장 행복했던 날이 되게, 앞으로 하루하루를 당신의 생일날처럼
당신이 세상에 태어난 걸 감사하면서 살게.
당신이 세상에 있어 나에게 이 세상이 얼마나 아름다운지.
혜영아, 사랑해. 그리고 생일 축하해!!!

생일 케이크에 초가 하나씩 늘어 갈 때마다 당신은 더 아름다워지고,
그 아름다움에 행복이 커져 가는 당신의 남편이

아내는 어디 있나요?

결혼한 다음 해 4월, 대만에서 있었던
코스타(KOSTA, 국제복음주의학생연합회)에 강사로 참석한 적이 있다.
결혼 후 아내와 처음으로 떨어져 있는 시간이었다.
대만에 도착해 집회에 참여하는 동안 만나는 사람들에게 제일 많이 들었던 말이,
"아내는 어디 계세요?" "아내는 같이 안 오셨나요?"였다.
이제 결혼해서 둘이 아닌 하나가 되었고, 특히 연예인 부부라
당연히 같이 왔을 거라 생각했던 것 같다.

크리스천인 우리는 어떤지 생각해 본다.
우리는 교회에서는 예수님과 같이 살면서 세상에 나갈 때는
예수님을 교회에 두고 혼자 나가지는 않는지.
우리가 세상에 나가서 살 때 세상 사람들이
우리가 살아가는 모습에서 예수님을 찾을 수 없어 우리에게
"예수님은 어디 계세요?" "예수님은 같이 안 오셨나요?"라고
묻고 있지는 않은지 궁금하다.
우리는 그 물음에 뭐라고 대답하나?
혹시 "예수님은 같이 안 오셨어요. 예수님은 교회에 계세요"는 아닌지.
나를 볼 때 혜영이를 떠올리듯, 크리스천을 볼 때 예수님을 떠올릴 테니,
나의 교회에서의 모습뿐만이 아니라 세상에서 살아가는 모습에서도
세상 사람들이 예수님의 모습을 보기를 간절히 소망한다. SEAN

사랑하는 혜영이에게

우리가 만난 지 2,000일이 됐네.

너와 같이 지내는 하루가 너 없이 지낸 1,000일보다도 더 소중하고 귀하다는 것 아니?

그 귀한 날들을 2,000개나 가지고 있다는 게 나에게는 너무도 큰 행복이야.

하나님과 함께하는 하루가 이 세상의 천 년보다도 더 귀하고 좋다고

누군가 말했듯,

우리도 주님 안에서의 하루를 이 세상의 천 년보다도 더 귀하고 행복하게 살아가자.

2,000번째 행복한 날을 맞이한 당신의 남편이

흰색과 회색, 다른 색 후드티를 입고 있지만
'LOVE'라는 같은 모양의 프린트가 되어 있다.
우리의 밸런타인데이 커플룩이다.
혜영이와 나는 하얀색과 회색같이
각기 다른 외모와 성격을 지니고 있다.
하지만 우리 가슴엔 예수님의 사랑 LOVE이
똑같이 아름답게 프린트 되어 있다.
그래서 혜영이와 나는 커플이다.
하나님께서 사랑으로 묶어 주신 커플.

올해 초에 사랑하는 아내와 일본에 있는 온천으로 여행을 갔다 왔습니다.
4박 5일 일정으로 간 여행. 순간순간이 너무 행복한 시간들이었습니다.
안개 때문에 비행기가 연착되어 인천공항에서 여덟 시간이나 대기해야 했지만,
그리고 비행기를 탄 후 단체관광을 가시는 150명 정도 되는 분들이
연착된 시간 때문에 항공사에 보상을 요구하며 비행기 탑승을 거부해
두 시간이나 비행기에 갇혀 있었지만,
제 시간에 도착을 못해 목적지까지 유명한 도시락을 먹으며
경치를 구경하면서 타고 가려 했던 기차를 못 타고 버스를 타고 갔지만,
그리고 일본에서의 나의 하루 계획이 다 무너졌지만
나의 아내와 함께하는 여행이었기에 행복했습니다.
저는 온천을 좋아하지 않습니다.
예전에 촬영을 하러 온천에 간 적이 있긴 하지만, 여행으로는 이번이 처음입니다.
하지만 제가 사랑하는 아내와 함께한 여행이었기에
이번 여행은 저에게 가장 행복하고 가장 기억에 남는 여행이 됐습니다.
그리고 돌아오면서 다음에 또 온천 여행을 같이 가자는 약속을 했습니다.

저는 오늘도 여행을 떠납니다. 삶이라는 여행을 떠납니다.
매일매일 살아가지만 어제와 다른, 한 번도 가 본 적 없는 하루를 여행합니다.

어떤 때는 두려울 때도 있고, 어떤 때는 제가 싫어하는 하루를 여행할 때도 있고,
또 어떤 때는 슬픔이 가득한 하루를 여행할 때도 있습니다.
그리고 어떤 때는 제가 계획했던 모든 것이
무너지고 억울한 하루를 살 때도 있습니다.
그렇게 새로운 여행을 매일 떠나는 제가 고백할 수 있는 건
나의 하루하루가 행복한 시간이라는 겁니다.
제 곁에는 그분이 계시기 때문입니다.
저는 오늘도 삶이라는 여행을 떠납니다.
하지만 혼자가 아닌 나를 사랑해 주시고 또 내가 사랑하는 예수님과 함께 여행을 떠납니다.
사람들이 생각하기에 가장 완벽한 여행이 아닐 수도 있고,
비행기 연착과 같이 시행착오도 있을 수 있고, 내가 좋아하지 않는 여행일 수도 있지만,
예수님과 함께하기에 오늘의 여행도 가장 기억에 남고
가장 행복한 여행이었다고 고백할 수 있습니다.
어떤 장소에서 어떤 여행을 하냐보다 누구와 여행을 하느냐가 더 중요하기 때문에.
그래서 내일도 예수님과 같이 여행을 떠나겠다고 약속합니다.
그리고 나는 고백합니다.
"주 예수와 동행하니 그 어디나 하늘나라~♪"
SEAN

혜영이에게

내 삶에 당신이 함께한다는 게 나에게 너무나 큰 행운이고 행복이야.

당신이 우리 하음이의 엄마로 살아가는 걸 보는 건 나에게 더없이 큰 기쁨이고.

우리 하음이가 지금 말을 할 수 있다면 당신이 엄마라는 사실이 너무도 자랑스럽고 기쁘다고 할 거야.

올해 초, 우리가 일본 온천 갔다가 올 때 내가,

"나는 온천을 좋아하지 않는데 당신이 함께해서 온천 여행이 너무 즐거웠어"라고 말했잖아?

당신과 함께하는 인생 여행이, 예수님께서 우리와 동행해 주시는 인생 여행이,

우리 아이들과 가족이라는 이름으로 하는 인생 여행이, 나에게는

하나님께서 내게 주시는 작은 천국이야. 사랑해!

초콜릿과 혜영이가 다른 이유 10가지

1. 초콜릿은 달콤하고 입에서 금방 녹는다. vs 혜영이의 달콤함은 입에서 평생 간다.
2. 초콜릿은 사람이 만들었다. vs 혜영이는 하나님이 심히 아름답게 만드셨다.
3. 초콜릿은 여러 가지 모양이 있다. vs 혜영이는 한 가지 모습이지만 세상에서 가장 아름다운 모습이다.
4. 초콜릿은 돈으로 살 수 있다. vs 혜영이는 돈으로 살 수 없다. 오직 나의 사랑으로 가질 수 있다.
5. 초콜릿은 수많은 맛이 있다. vs 혜영이는 한 가지 맛이지만 무엇보다 맛있다.
6. 초콜릿은 있으면 좋지만 없어도 산다. vs 혜영이는 없으면 못 산다.
7. 초콜릿은 내가 사랑할 순 있어도 나를 사랑해 줄 순 없다. vs 혜영이는 나를 너무 사랑해 준다.
8. 초콜릿은 많이 있어도 허전할 수 있다. vs 혜영이만 있어도 이 세상을 다 가진 것보다 더 풍성하다.
9. 초콜릿은 하나로 또 새로운 하나를 만들 수 없다. vs 혜영이는 하음이를 낳아 줬다.
10. 초콜릿은 사랑 고백의 도구이다. vs 혜영이는 내 사랑 고백의 대상이다.

혜영아,
이 세상에 초콜릿이 없다 해도 나는 그 누구보다도 달콤한 삶을 살 수 있어. 네가 있기에.
하나님께서 너를 나에게 선물로 주시고 이제 우리에게 하음이를 선물로 주셨어.
주님 안에서 항상 행복하게 살자.

우리의 두 번째 밸런타인데이, 너의 반쪽이

혜영이 CF 찍던 날

혜영이가 아침부터 열심히 메이크업을 하고 갔더니
감독님이 리얼리티를 살려야 한다고
세수를 하고 메이크업을 지우라고 하셨단다.
그래서 노메이크업으로 진행된 촬영.
인터뷰 형식으로 진행된 촬영은
아기 엄마의 기쁨과 수고를 담았다고 한다.
촬영이 끝나기 한 시간쯤 전에 하음이와 내가 도착했더니
감독님께서 하음이도 찍어 주시겠다고 하셔서
엄마의 품 안에서 한 커트.
귀여운 짓 하라고 했더니 지어 준 표정이다.
내 딸이지만 너무 귀여워. SEAN

열흘간 미국으로 출장을 갔다 왔다.
모든 일을 마치고 돌아오는 비행기를 타면서 13시간 후에는 나의 스위트홈에서
사랑하는 혜영이와 하음이를 만난다는 생각에 마음이 설레었다.
여행을 마치고 집으로 돌아간다는 것은
그것도 사랑하는 사람이 있는 집으로 돌아간다는 건
참으로 기쁘고 마음 설레는 일이다.
나는 이런 생각을 해 본다.
나에게 주어진 이 세상의 삶은 내게 출장과도 같다고.
출장 일정 동안 나에게 해야 할 일들이 있듯이 나의 삶에도 내가 할 일들이 있다.
나에게 주어진 그 일들을 잘 마치고 언젠가 나도 나의 홈으로 돌아갈 것이다.
사랑하는 분을 만난다는 생각에 기뻐하고 마음이 설레면서,
나를 사랑해 주시고 내가 사랑하는 예수님이 계신 **하늘나라로**. SEAN

얼마 전에 뱃속의 하랑이와 함께 **분유 광고**를 찍었습니다.
하음이에 관한 이야기였습니다.
"새빨간 핏덩이를 딱 얹어 주었는데, 탁 탁 탁 떨었다고 하더라고요.
내가 엄마가 되었구나! 아무도 가르쳐 주지 않았는데
엄마 냄새를 맡고 이렇게 입을 오물오물……
정말 희한했어요. 잠이 너무 모자라요. 양치질을 한 번 할 때도 있고……
아이를 보는 동시에 둘째 낳아야지,
우리 아이를 정말 사랑으로 예쁘게 키워야지 생각했어요.
절대로 잊어버리지 않으려고요. 그게 엄마 마음이죠. 엄마 마음……"
이제 내가 얘기한 엄마 마음을 좀더 키워 보려고 합니다.
모든 아이가 엄마에게는 사랑스럽듯이
북한의 굶는 아이들을 위해 엄마 마음을 가져 보려 합니다.
이 광고를 뱃속의 하랑이와 같이 찍었으니
하랑이 이름으로 1,000만 원을 북한 어린이들 분유 값으로 쓰고자 합니다.
그게 바로 엄마 마음이고 우리 아이 이름처럼 하나님의 사랑일 테니까요.
우리나라 인구가 5천만이라고 합니다.
그 인구의 10분의 1인 5백만 명이 한 달에 100원씩만 모아도
한 달에 5억 원씩 북한 아이들을 도와줄 수 있을 텐데……

혜영아, 자는 모습이 너무 아름답구나.

나의 행복은 네가 행복해하는 모습에서 오는데,
그리고 너를 평생 행복하게 해 주기로 다짐했는데…….
우리 주님을 바라보면서 더욱 사랑하고 행복하자.
그래서 매일매일 후회도 없고 기쁨의 날들이 되게.
나중에 하늘나라 갈 때 들고 갈 추억의 책장이 많게.
그리고 마지막 날의 책장이 가장 아름다울 수 있게.
혜영아, 어제보다 오늘 더 너를 사랑해!

2005년 5월 4일, 너를 위해 매일 기도하는 오빠가

사랑하는 나의 아내 **혜영**이에게

우리가 처음 만난 날 기억하니?
나도 너에 대해서 잘 모르고 너도 나에 대해서 잘 모르고
또 너는 나에게 관심도 없었지만 내가 너를 처음 본 순간 가졌던
그 가슴 뛰는 느낌, 그 설렘은 말로 표현할 수가 없었어. Love in first sight.
바로 '이 여자다!'라고 생각했어.
그렇게 너를 처음 만나 나의 가슴을 뛰게 하는 설렘을 느낀 지
1,383일 만에 너와 결혼을 하고 이제 1,095일 동안 너와 살면서
매일매일 너를 보며 가슴 뛰는 설렘을 느끼고 있어. 하지만 그거 아니?
나의 마음은 너를 만난 2,478일 매일마다 설렘으로 가득했다는 거.
결혼하기 전에 너를 만나는 날은 너를 만나기 때문에 설레었고,
너를 못 만나는 날은 너를 생각하면서 설레었어.
너와 결혼을 해서는 아침에 눈을 떠서 너를 볼 때마다 내 마음에 설렘이 가득했지.
나에게 사랑은 설렘이야. 내가 사랑하는 사람을 보면서 가슴이 콩닥콩닥 뛰며 설레는 거.
혜영아, 고마워.
하나님을 향한 사랑을 회복하는 데 도움을 줘서.
너를 보며 갖는 그 설렘으로 하나님과의 사랑도 설렘이라는 걸 매일 깨닫게 해 줘서.
많은 사람들이 결혼해서 오래 살다 보면 무덤덤해지고
그저 편한 친구하고 사는 거 같다고 말하는데, 나는 다르게 생각해.
나에게 아내는 좋은 친구이기 전에 나의 마음을 설레게 하는 사랑하는 사람이니까.
혜영아, 우리는 이렇게 살자. 서로를 보며 매일 설레어하고 서로 사랑하면서 그리고 행복해하면서.
시간이 많이 지나 우리가 결혼한 지 수십 년이 지나도
나는 너를 보며 설렘으로 가득한 하루를 보낼 거야.
그리고 이 세상에서의 마지막 날에도 나는 너를 보며 설렘으로 가득한 마음으로 눈을 감을 거야.
너와 처음 만난 날 느꼈던 바로 그 설렘으로, 혜영이 너에게 이 말을 하면서 말이야.
"너와 같이한 하루하루가 설렘 그 자체였다"고. 나에게 사랑은 설렘이니까.
그걸 알게 한 게 바로 너야. 결혼 3주년 축하해, 그리고 사랑해!

2007년 10월 8일 결혼 3주년에
설렘으로 가득한 마음을 가지고 편지를 쓰는 하음이, 하랑이 아빠가

P.S. 하음이, 하랑이를 선물로 주신 **하나님께 감사해**.
하지만 나에게 더 큰 하나님의 선물은 **바로 너야**.
네가 아니었으면 하음이와 하랑이란 선물도 받을 수 없었으니까.

난 당신을 사랑하기 위해서
하나님께서 만드셨고 당신에게로 보내셨나이다
사랑해~♡ 사랑해♡ 사랑해♡
이말보다 더 답답한 언어가 있을까? ~☆
우리에게는 6번째 발렌타인을 함께할수있어
너무나 행복하고 좋다~
당신과 함께하는 매일매일이 더 행복한 크리스마스&
사랑을 듬뿍담아 보냄 ────── ♡PJ. JP

I LOVE YOU!

혜영아 '사랑'이란 단어에 들어 있는 모든 의미를 다 담아서 너를 "사랑해!"
혜영이 너를 처음 보고 느꼈던 그 설렘의 사랑으로,
그 설렘을 모아 너에게 처음으로 "사랑해!"라고 고백했던,
가슴이 콩닥콩닥 뛰는 떨림의 사랑으로,
너에게 프러포즈를 할 때 6,000명 관객 앞에서 반지를 건네며
마음속으로 '너의 평생 행복을 책임지겠다'라고 했던 다짐의 사랑으로,
우리 결혼식 날 하나님 앞에서 그리고 사람들 앞에서 너를 평생 사랑하며
둘이 아닌 하나로 살겠다던 약속의 사랑으로,
나의 왼쪽 네 번째 손가락의 반지가 가진 의미인 이 세상에서 가장 귀한
사람이 나와 평생 같이한다는 상대를 귀하게 여기는 사랑으로,
네가 아플 때 대신 아파 줄 수만 있으면 하는 마음의 사랑으로,
하음이 하랑이를 낳을 때의 기쁨의 사랑으로,
내가 너에게 고백했던 만 번 이상의 "사랑해!"와 같은 반복의 사랑으로,
그리고 수도 없이 많지만
가장 중요한 우리 청첩장에도 써 있던 요한일서 4장 8절 말씀
"하나님은 사랑이심이라"라는, 그 하나님의 사랑으로,
2008년 밸런타인데이에 다시 한 번 너에게 고백해.

"혜영아, 사랑해!"

오늘 남편에게 밸런타인데이 초콜릿과 작은 선물 그리고 카드를 받았습니다.
초콜릿은 크런키.
어디서나 쉽게 구할 수 있는 초콜릿입니다.
특별한 날 특별하지 않은 평범한 선물일 수도 있지만 나에게는 특별한 선물입니다.
며칠 전에 제가 갑자기 크런키가 먹고 싶다고 한 적이 있습니다.
그걸 기억하고 남편이 초콜릿 선물을 크런키로 해 준 것입니다.
내가 지금 가장 먹고 싶어 하는 초콜릿으로.
사랑은 주는 사랑과 받는 사랑이 다른 거 같습니다.
주는 사람은 비싸고 화려한 걸 주면서 제일 좋은 걸 준다고 생각해도, 받는 사람은 작아도 정성이 담긴 선물 또는 정말 자신이 원하는 걸 받을 때 더 기쁘고 의미가 있는 거 같습니다.
크고 작고를 떠나 내가 원하는 걸 나에게 선물할 줄 아는 남편과 사는 나는 행복합니다.
2008년 밸런타인데이에 나는 크런키로 행복해졌습니다.

사랑하는 나의 남편에게.
사랑한다거나 고습도 눈물로 덧… 더 큰 의미가 담겨 있더라고
그 목록이 다 얘기해주며, 말해주며, 나의 버팀 나의 사랑인 당신,
당신이 내게 있다는 것만으로도 난 행복하고 감사해.
가끔 웃어가며고 다른 것들에 왔부걸때도 있었지만
그럴때마다 여보의 눈을 들어다보면 내가 얼마나 욕심쟁이,
얼마나 부끄러울때가 있어.
여보 눈을 통해 비춰지는 예수님 눈이 나를 지켜 낯설해서
얘기해주기도 …… 아주 똑똑히 ……
그런 당신을 내게준 하나님께 정말 감사해
내곁에서 늘 묵묵히, 지켜줘서 고마워.
사랑하고 또사랑해 생각만해도 눈물이 날정도로…
또 착순한 내에게 여보의 사랑스런 내에게
이렇게 포근한 여보, 무엇보다 하나님 기뻐하시는 당신
더더욱 느끼하게 뽀뽀뽀뽀뽀뽀뽀
당신을 만난 그날부터 지금바로 이순간까지…..
그리고 앞으로도 지금처럼 서로사랑하고 아끼며
행복하게 살자…
가슴 끝들어바라부며…

사랑해
당신의 사랑스런 혜영이가
사랑을 듬뿍 담아
2008. 2. 14 발렌타인데이날.

다시 태어나도

저는 다시 태어나도 지금 남편과 결혼을 할 것입니다.
이유는 제 남편보다 더 좋은 남자를 만날 수 없을 거 같기 때문입니다.
어떤 사람도 제 남편보다 저를 더 이해하고 더 사랑해 줄 수 없을 거 같기 때문입니다.
나로 하여금 작은 것에 감사하게 하고, 나눔의 행복을 알게 하고,
나를 긍정적으로 바뀌게 한 사람입니다.
지금 남편 없인, 눈에 넣어도 안 아플 거 같은 하음이와 하랑이를
만날 수 없었을 것입니다.
그리고 무엇보다 내게
하나님을 만나게 해 **준** 사람이기 때문입니다. HY

너의 작은 발로 세상을 예쁘게 걸어 나갔으면 해, 하음아.
엄마 손 잡

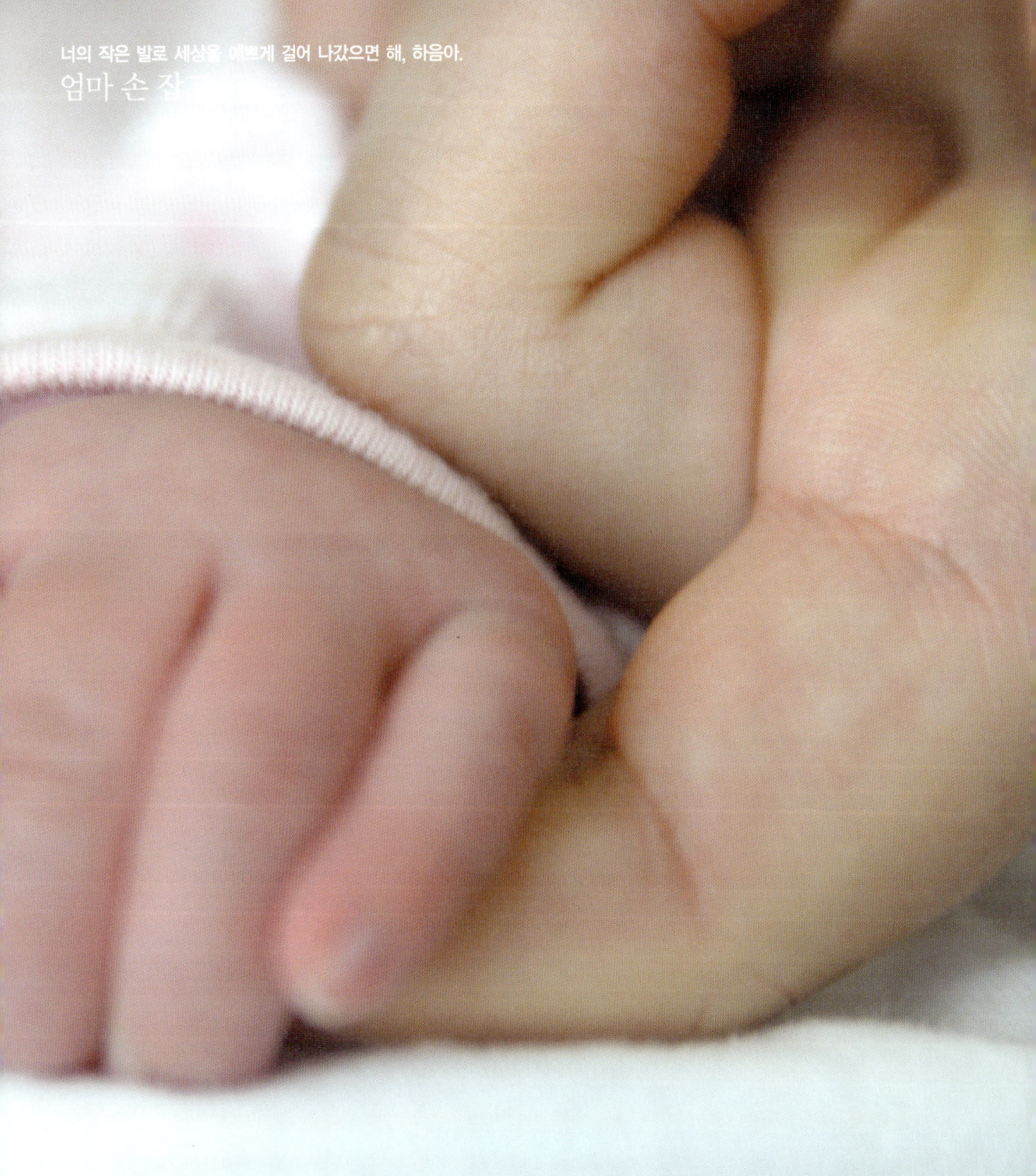

MISS SEAN
엄마를 닮은 작은 천사, 하음이

feat. 태양 Bigbang

매주 주일이 되면 션 형, 혜영이 누나, 하음이, 그리고 이제 하랑이까지
온 가족이 기쁨으로 기도하며 예배드리는 모습을 본다.
그리고 가끔은 사무실에서도 하음이의 손을 잡고 늘 기도와 함께하는 션 형을 보게 된다.
션 형의 가정을 보면 언제나 하나님과 함께하며
하나님의 풍성한 평안과 사랑 속에 있는 가정이라고 생각한다.
형의 가정에 웃음과 사랑이 항상 넘치는 것은 당연한 일이 아닐까?

태양 Bigbang

하음이가 뱃속에서 엄마와 함께했던 시간들

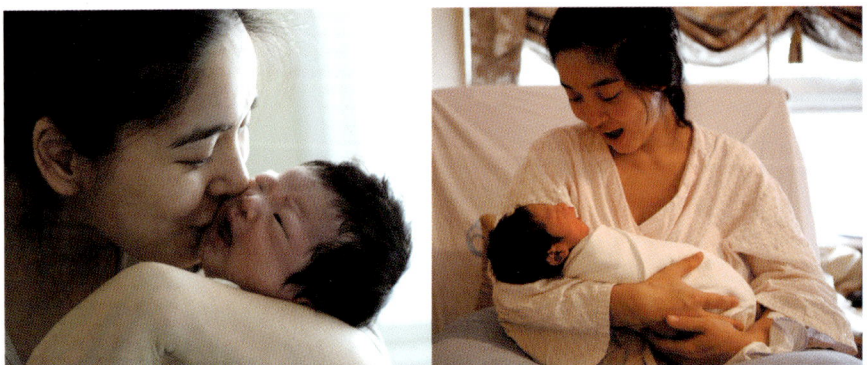

엄마, 안녕?

나 쌍꺼풀 있다! 부럽지?
　　　　　-하음이

우리 아기는 천사다. 왜냐고?
천사가 낳은 아기니까.
　　　　　-하음이 아빠

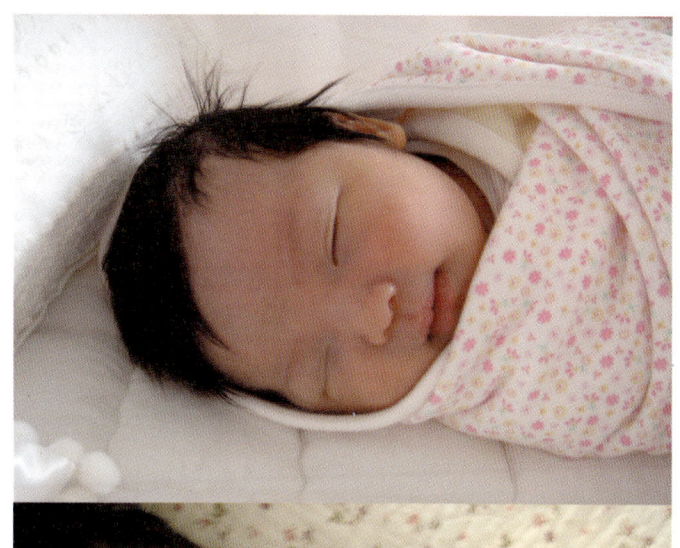

엄마 내 말 들려?
하음이가 엄마한테 뭐라고 하나 보다.
그들은 천사의 말로 서로 통하나 보다.
나무꾼인 나,
영어 일어 한국말은 하지만,
아직 천사의 말은 못한다.

두 천사가 서로 보고 웃는다.
앞으로 하음이가 자라서 세상에
웃음과 행복, 하나님의 말씀을
전하는 아이가 되길 기도한다.

이젠 제법 **앉아 있기**도 해요.

많이 컸죠?

둘다 인형 같아요~!

엄마가 손바느질로 만들어 준 인형.
우리 하음이가 좀더 자라면
인형 옷도 많이 만들어 줄 거예요.
하음이 베개랑 이불도
엄마가 만들어 준 거랍니다.

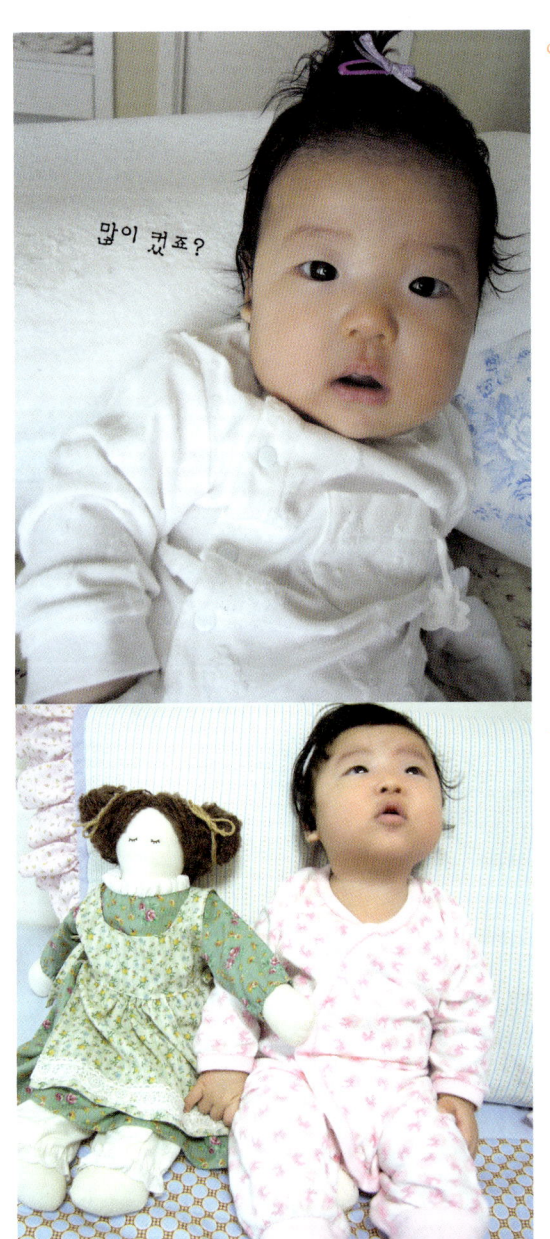

우리 아가 곱슬머리~~ 이뿌죠?

앞머리를 내려 줬더니
장난꾸러기
남자아이 같아요.
하음이 남동생이
이렇게 생겼을까요?
ㅎㅎ

아침에 일어나자마자 엄마랑

하음이가 뱃속에 있었을 때
제 기도 중에 한 가지가
우리 하음이가
아침에 눈떴을 때
언제나 **방긋** 미소 짓고
하루를 시작하는 것이었는데,
정말 너무 신기하게도
태어나서 지금까지
단 한 번도 울지 않고
매일 아침 저랑
눈을 마주쳤을 때
너무나도 환하게
방긋 웃어 준답니다.
얼마나 감사하고
행복한지요.
하나님께서는 제 기도를
늘 들어주세요.

"사랑해요, 하나님."

우리 하음이가 아직 말은 못하고 옹알이만 합니다.
웃음 그리고 옹알이만으로도 우리에게 큰 기쁨과 행복을 줍니다.
우리 부부는 하음이를 사랑합니다.
하음이가 언제 "엄마! 아빠! 사랑해" 할지 모르지만
우리는 너무도 하음이를 사랑합니다.
나도 웃음과 옹알이로만 오래 살았던 것 같습니다.
그러나 하나님께서는 웃음과 옹알이만으로도 기뻐해 주셨습니다.
그리고 나를 사랑해 주셨습니다.
이제는 매일매일 고백합니다.
"하나님 사랑합니다. 하나님 때문에 오늘도 너무 행복합니다."
하나님도 나에게 말씀하십니다.
"나도 너를 사랑한단다. 그리고 너 때문에 행복하단다."
하나님은 '큰 사랑'이십니다.
나의 사랑 고백에 상관없이 나를 매일 사랑해 주십니다.
하음이의 사랑 고백과 상관없이 우리 부부가 하음이를 사랑하듯이.

하음*하나님의 마음*이를 통해 매일 하나님의 마음을 알아 가는
선, 혜영 부부가

세븐 공연 때 이렇게 둘이서 맞춰 입고 갔어요.
그날 완-존-히 인기 짱이었어요. ^^

오늘은 엄마랑 맞춰 입고 놀았죠.
엄마가 이 옷 입고 있음, 하음이가 제일 신나해요!

주일 오후 교회 풀밭에서 아빠의 작품사진

하음이의 걸음마 연습

아이가 걷기 시작할 무렵이면
겨울이 찾아오겠죠?
하음이가 세상에 온 지도
벌써 4개월이 지났습니다.
시간이 정말
빨리 가는 것 같아요.
이 순간순간을 잊지 않고 기억하며
우리 하음이
하나님의 사랑 안에서 잘 키우겠습니다.

션…… 혜영…… 하음……
그리고 앞으로, 얼마나 더 허락될까요?
기대해 봅니다.

눈부신 오후

주일 오후~ 눈이 부시게 좋은 날입니다.
예쁜 선글라스 끼고 아빠랑 압구정동에 다녀왔어요.

닮은꼴

아빠를 닮은 우리 하음이. 제 눈엔 세상에서 젤루 이뽀여~!
왼쪽은 우리 남편 백일 사진이고요, 오른쪽은 하음이 백일 무렵이에요.
정말 둘 다 넘 이쁘죠? HY

하음이 자동차
부루룽~ 부루룽~
지누 삼촌이 사 주신
예쁜 **부가부~**.

하음이 울음 퍼레이드~

아이의 눈

우리 하음이의 눈에 이 세상이 아름다워 보이도록
세상의 작은 변화를 위해
오늘도 우리 부부는 노력합니다.

아빠랑 하음이랑

눈이 부시게 맑은 날 나무 그늘 아래서.
하늘이 너무나도 이쁜 날이었다…….

모자 잘 어울려요?

혜영이의 모자를 씌워 줬더니 얌전하게 사진을 찍는 하음이.
혜영이는 자기가 갖고 있는 모든 걸 하음이에게 주고 싶다고 한다.
모자, 목걸이, 가방, 마음, 시간까지도. 모든 걸 다.
**하음이가 자신을 위해 그 무엇도 아끼지 않는 엄마에게
감사할 줄 아는 아이가 되길 기도한다.**
아버지 하나님도 나를 위해 모든 걸 주고 싶다고 하신다.
그리고 독생자 예수님을 나를 위해 **십자가**에 내어 주셨다.
하나님, 감사합니다. 그리고 사랑합니다. SEAN

예쁜 정원에서

정원이 너무나도 예쁜 권형민 선생님 댁에서
하음이랑 호두나무도 심고
풀밭도 걸어 보고 **야옹**이도 만져 보고.
우리 하음이에게 세상의 아름다운 것들을
조금씩 선보이고 있습니다.

하음이와의 첫 여행

이번 여행은 남편과 둘이 아닌
우리의 사랑 하음이도 함께해서
너무나 행복했습니다.
다시 한 번 더
남편의 고마움을
느낄 수 있었던 여행.
"사랑해, 나의 반쪽."

쪼~옥♥

저희 부부에게
이쁜 아이 주셔서
감사해요, 하나님.
저희가 하음이를
몸과 영혼이 모두
이쁜 아이로
키울 수 있도록
지혜를 주세요.

노래하는 하음이

우리 하음이가 작은 입술로 말을 합니다.
그리고 엄마가 노래를 불러 주면
아~ 나~ 라~로 따라 부릅니다.

하음이가 자라면서 저 입술로
아름다운 말들을 많이 하길
그리고
하음이의 입술로
하나님을 찬양하길
엄마, 아빠는 매일 기도합니다.

엄마를 위한 티셔츠

-티셔츠 문구 해석
"내가 이쁘다고 생각하시면
 우리 엄마를 한번 보셔야 돼요."
(얼마나 이쁜지…….)

"거울아 거울아, 이 세상에서 누가 제일 이쁘니?"
"하음이요!
 왜냐면 이 세상에서 제일 이쁜
 하음이 엄마 **혜영**이의 **딸**이니까!^^"

아빠의 기도

사랑이 많으신 하나님,
우리 하음이가 세상에서 잘되길 바라는 기도보다는
우리 하음이 때문에 세상이 잘되길 기도합니다.
그리고 우리 하음이 때문에 세상이 아름다워지길 기도합니다.
하나님을 사랑하고
이웃을 사랑하는 아이로 자라게 도와주세요.
예수님의 이름으로 기도드립니다.
아멘.

사랑하는 하음이에게

하음아,

엄마 아빠에게 지난 1년 동안 행복과 사랑을 선물해 줘서 고마워.
우리가 너를 두고 했던 기도 중에 하나가,
하음이가 우리 가정에 있음으로 엄마 아빠가 더욱더 사랑하고
우리 가정에 사랑과 행복이 가득한 거였는데,
그 기도를 하나님께서 들어주신 거 같아.
편한 엄마 뱃속에 있다가 낯선 세상에 나와서 지낸 1년이
너에게는 어땠을지 궁금하다.
하음이가 엄마 아빠에게 처음 웃어 줬던 순간, 처음 울었던 순간,
수많은 처음의 순간들이 엄마 아빠에게는 다 설레는 순간들이었단다.
그래서 너의 첫 생일도 엄마 아빠에게는
너무도 설레고 감사하며 행복한 날이란다.
그리고 너에게 최고의 것을 해 주고 싶어 많은 생각과 준비를 했단다.

엄마 아빠는 너의 삶에 대해서
결정이나 선택을 대신 해 주는 사람이 아니라
네가 앞으로 살아가면서 올바른 선택을 할 수 있도록
도와주는 사람들이야.
하지만 하음이의 첫 생일은 아직 네가 의견을 말할 수 없기에
엄마 아빠가 우리 이웃과 함께하는 돌잔치로 준비했단다.
너도 동의할 거라 믿고.
우리의 작은 나눔이, 하나의 귀한 생명이
건강을 찾을 수 있는 일이 된다면
얼마나 감사한 일이겠니.
엄마 아빠 하음이가 커 가면서 하음이가 서 있는 곳에 나눔이 있고
사랑과 평화가 항상 넘치길 바란다.
항상 그랬듯 하나님을 사랑하고
이웃을 사랑하는 하음이가 되길 기도할게.
그리고 엄마 아빠에게 와 줘서 고마워.

첫 번째 생일 축하해, 그리고 사랑해!

하음이를 통해 하나님의 마음을 알아 가는 엄마 아빠가

하음이 첫 생일 카드에 담긴 엄마 아빠의 마음

예수님의 손을 잡고

그 손으로 이웃의 손을 잡아 주며 살아가길…….

하음이가 세상에 태어나기 얼마 전에 아이 맡길 아줌마 때문에 아내와 함께
고민을 한 적이 있습니다. 주위에서 애기 봐 주는 아줌마들에 관련된
애기들을 했습니다. 아내와 여러 얘기를 하다가 우리가 있거나 없거나
성심성의껏 잘 봐 주시는 아줌마도 분명 계시겠지만,
아기가 많이 울거나 어떤 일이 있을 때
엄마 아빠가 집에 없더라도 정말 당신의 아이처럼 봐 줄
아줌마를 구하기가 힘들 거라는 결론으로 대화를 마쳤습니다.
그래서 우리 둘이서 직접 키우기로 결정했습니다.

우리 아기를 누구에게 맡기기 위해선 믿음이 필요합니다.
단 몇 시간을 맡긴다 해도 믿지 못하는 사람한테는 못 맡깁니다.
아기 기저귀는 잘 갈아 줄까? 우유는 제때 잘 먹일까?
아기가 울 때 달래지 않고 방치해 두지는 않을까?

우리 부부는 너무도 사랑하는 하음이를 쉽게 다른 사람한테
맡기지 못합니다.

하나님은 이처럼 귀한 한 아이의 평생을 저희 부부를 믿고 맡겨 주셨습니다.
하나님 앞에서 어쩔 수 없는 죄인이고 미약하고 어쩌면 믿을 구석이라곤
전혀 없는 저희를 하나님께서는 믿어 주시고 너무도 아끼고 사랑하는
귀한 생명을 맡기셨습니다.

하나님, 그 큰 믿음에 감사합니다.

우리의 마음대로가 아닌 하나님의 뜻과 계획대로
이 아이를 키우기를 원합니다.
우리에게 날마다 지혜와 사랑을 부어 주시길 기도합니다.

이 세상을 지으신 전능하신 하나님을 순간순간 믿지 못했던 저를
되돌아봅니다. 그리고 앞으로 하나님의 그 큰 믿음에 답하며
제 작은 믿음이 커지기를 기도합니다.
나를 믿어 주시고 많은 것을 맡겨 주시고 이 세상보다도 귀하다고 하신
한 생명을 맡겨 주신 그 큰 믿음, 그 은혜에 보답하며
우리 부부가 하나님을 진심으로 믿고 살아가기를 소망합니다.

엄마! 이 포즈는 어때요?

여기는 잡지 촬영장~. 우리…… 닮았지요?

아빠를 닮은 아이, 나의 사랑하는 하음이

하음이는 아빠인 나를 닮았다.
하음이를 데리고 밖에 나가면 사람들이 말한다.
"아이가 아빠를 많이 닮았네요."
그렇다. 나의 사랑하는 딸 하음이는 아빠를 많이 닮았다.
나는 이런 생각을 해 본다.
크리스천인 나는 과연 누구를 닮았을까?
매일 기도할 때마다 그리고 마음속으로 하나님 아버지라고 고백하는 나는
과연 누구를 닮았을까?
세상을 너무 사랑해서 나에게서 하나님의 형상을
더 이상 찾아볼 수 없는 건 아닌지…….
어쩌면 아빠하나님와 너무 닮지 않아서 세상 사람들이 크리스천인 나에게
다리 밑에서 주워 온 아이라는 말을 하고 있지는 않은지 생각해 본다.
과연 세상 사람들이 나의 모습을 보고,
아니 나의 삶을 보고 하나님의 형상을 볼 수 있을지 궁금해진다.
나는 소망한다.
세상 사람들이 나를 보고 아빠하나님의 모습을 볼 수 있기를.
이 세상을 살아가면서 크리스천이 아닌 사람들에게도
"**아빠**하나님 **많이 닮았네요**"라는 말을 들으면서 살 수 있기를. SEAN

나의 사랑하는 책

나는 하음이가 뱃속에 있던 마지막 세 달 동안 매일 잠언 한 장씩을 읽어 줬다.
그리고 하음이가 태어난 지 며칠 지난 작년 2월 1일부터 다시
하루에 잠언 한 장씩을 읽어 주기 시작해서, 한 달에 잠언 한 권을 한 번씩 읽어 주고 있다.
하음이는 벌써 잠언을 열여덟 번이나 읽었다(나의 도움으로).
하음이가 좀더 커서 자신이 직접 성경책을 읽을 수 있을 때까지
매일마다 한 장씩, 한 달에 잠언 한 권을 읽어 줄 계획이다.
하나님께서 솔로몬에게 주신 지혜를 우리 하음이에게도 선물해 달라는 기도와 함께······. HY

혜영이가 엄마로서 하음이에게 잘한 일들이 너무 많지만 그중에서
제일 자랑스러운 것 중 하나는 뱃속에 있는 하음이에게
성경책 일독을 해 준 거다.
하음이는 태어나기 전에 성경책을 일독했다(엄마 덕에).
그래서인지 하음이는 성경책을 좋아한다.
나의 바람은 하음이가 살아가면서 매일 성경말씀을 읽고 묵상하며
성경책에 쓰여 있는 하나님의 약속과 사랑의 말씀을 붙잡고 살아가는 거다.
"나의 사랑하는 책······이 책 중에 있으니 이 성경 심히 사랑합니다." SEAN

아빠와 랩을 A-YO!!
우리 딸 아빠와 함께 랩을 하네요. ^^

어흥!

대~한민국! 빠바빠빠빠!!
다음 월드컵 때는 나도 응원해야지.
대~한민국!

하음이는 누구 딸?

며칠 전에 차를 세우는데 누가 오빠라고 몇 번이나 불렀다.
나는 나를 부르는지 전혀 모르고 그냥 내 할 일을 하고 있었다.
그러다가 그분이 "하음이 아빠"라고 불렀다.
그 소리에 주위를 둘러보니 2층에서 어떤 팬이 나를 부르고 있었다.
언젠가부터 나는 하음이 아빠가 더 친근한 이름이 되었나 보다. ^^
션은 누구 아빠? 하음이 아빠.
하음이는 누구 딸? 아빠 딸!! SEAN

귀를 기울여 봐요!

하나님께서 사랑한다고 말하고 계셔요!

우리 딸 하음이가 세상에 태어난 지 한 달이 지난 후부터, 교회에 데리고 나갔습니다. 교회에 데리고 간 첫날, 하음이가 자라면서 이 세상에서 살아가는 동안 주일을 한 번도 범하지 말고 거룩하게 지키게 해 달라고 하나님께 기도했습니다.

그런데 하음이가 교회를 나가기 시작한 후 세 번째 주일날, 날씨가 너무 추웠습니다. 태어난 지 한 달 조금 넘은 아이를 밖에 데리고 나가기에는 너무도 추운 날씨였습니다. 제 아이와 아내를 집에 있으라고 하고 저만 교회를 다녀올까라는 생각도 했습니다. 하지만 하나님께서 제게 믿음을 주시며 이런 생각을 하게 하셨습니다. 우리 아이가 주일에 하나님 앞으로 나아갈 때 장애물이 있으면 헤쳐 나아가야 한다고, 만약에 하음이가 교회에 갔다가 감기에 걸리게 된다면 그것도 하음이가 거쳐야 하고 이겨 내야 할 일이라고. 그래서 그날 하음이는 교회를 갔습니다. 너무도 감사하게 감기는 걸리지 않았습니다. 그리고 하나님의 은혜로 하음이가 세상에 태어난 후 첫 한 달을 빼고는, 매주 주일을 지키고 있습니다.

앞으로 하음이가 크리스천으로 세상을 살아가면서 넘어야 할 산과 헤쳐 나가야 할 장애물이 많이 있을 거라고 생각합니다. 저는 하음이를 위해 그 산과 장애물을 없애 주시고 평탄하고 평안한 삶을 살게 해 달라고 기도하지는 않습니다. 그저 하나님께 우리 하음이가 그 산들을 넘고 장애물을 헤쳐 나아갈 수 있는 용기와 지혜와 믿음을 달라고 기도합니다. 그것들을 통해 더욱더 아름다운 크리스천으로 거듭나게 해 달라고, 그리고 어떤 상황에서도 오직 예수님만 바라보고 예수님께서 주시는 평안을 마음에 가지고 감사하며 살게 해 달라고 기도합니다.

우리를 믿고 맡겨 주신 하나님의 귀한 아이를 우리의 욕심을 버리고 주님의 계획대로 키우길 기도합니다. 하나님이 저희를 믿어 주신 것처럼 저희도 우리 아이를 믿고 살기를 원합니다. 우리 아이를 믿는다는 건 예수님께서 우리 아이의 손을 잡아 주시고 항상 동행해 주신다는 걸 믿는 것이기 때문입니다. 그리고 우리 아이가 하나님을 사랑하고 이웃을 사랑하는 아이가 될 수 있도록, 우리 부부가 아이에게 먼저 모범이 되어 그렇게 살길 원합니다. 하나님 품 안이, 그리고 하나님을 아는 것이 가장 큰 행복이라는 제 아내의 고백처럼 우리 하음이도 하나님 품 안에 있는 것과 하나님을 아는 것이 가장 큰 행복이라는 고백을 하며 살길, 우리 아버지 하나님께 간절히 기도합니다. SEAN

하음이가 나중에 커서 아빠 같은 남자를 만났으면

사랑하는 하음아,
요즘 들어 더욱더 이쁜 짓을 많이 하는 우리 하음이 때문에
엄마는 너무 행복해.
항상 감사의 제목이기도 하고.
엄마는 가끔 이런 생각을 할 때가 있어.
많이 이른 생각이지만 '과연 우리 하음이가 나중에 커서
어떤 남자를 만나 결혼을 할까?'
엄마 웃기지?
아직 두 살도 안 된 너를 보며 결혼 생각을 한다니.
사랑하는 하음아,
엄마는 하음이가 나중에 커서 아빠 같은 남자를 만났으면 좋겠어.
자신의 여자를 지극히 사랑해 주고 존중하며, 항상 웃어 주고
행복하게 해 주며, 집안일도 도와주고 아이들의 좋은 아빠가 되어 주며,
그리고 예수님 안에서 가정을 잘 지킬 줄 아는 그런 남자 말이야.
엄마가 매일 기도할게.
우리 하음이에게 좋은 배우자를 주시라고,
엄마와 아빠처럼 서로 사랑하며 예수님 안에서 작은 하늘나라 같은 가정을
만들어 가게 해 달라고.
사랑해!
하음이를 위해 매일 기도하는 엄마가

엄마를 닮은 작은 천사 하음이에게,

요즘 아빠가 주위 사람들에게 듣는 말 중에 아빠를 가장 기쁘게 하는 말이 무엇인지 아니?
하음이 얼굴이 엄마를 많이 닮아 간다는 말이야.
사람들이 그런 말을 하면 고맙다고 말하고 아빠의 기도제목이라고 말을 해.
아빠는 하음이의 외모가 아름다운 엄마의 외모를 똑같이 닮기 바라.
하지만 그보다도 하음이의 마음과 생각이
엄마의 아름다운 마음과 생각을 닮기를 더 많이 바라고 기도해.
아빠가 아는 옛날 얘기를 하나 해 줄게. 옛날 고구려에 평강공주가 살았어.
그리고 그 나라에 온달이라는 바보도 살았지.
평강공주는 어릴 때 자주 울어 아버지로부터
바보온달에게 시집보낸다는 농담을 듣고 자랐는데,
나중에 아버지가 다른 사람에게 시집을 보내려고 했더니 거역을 하고 궁궐을 나와서
바보온달을 찾아가 결혼을 했대.
그리고 바보온달의 현숙한 아내가 되어 바보온달에게 학문과 무예를 가르쳐
고구려에서 가장 훌륭한 장군이 되게 했대. 바보 온달과 평강공주의 이야기야.
하음이도 나중에 커서 하음이의 짝을 만나 결혼하겠지?
아직 먼 얘기지만 아빠와 엄마가 미래의 하음이 짝을 얘기할 때
엄마는 하음이가 정말 좋은 사람을 만났으면 좋겠다고 얘기를 해.
아빠도 하음이가 좋은 사람을 만났으면 하고,
만남의 축복을 위해 기도를 해.
하지만 아빠는 그보다 먼저 하음이가
상대방에게 만남의 축복을 주는 주인공이 되어 주었으면 해.
바보온달이 평강공주를 통해 온달장군이 될 수 있었듯이,
이재철 목사님이 정애주 사모님을 통해 아빠가 가장 존경하는 우리 가정의 모델인
지금의 이재철 목사님이 되실 수 있었듯이, 아빠가 엄마를 통해 지금처럼 더욱더
가정적인 아빠가 될 수 있었듯이, 하음이의 짝도 하음이를 통해 주님 안에서
새롭고 멋진 사람이 될 수 있길 바란단다.

하나님께서는 우리에게 결혼 상대로 세팅된 보석을 주시지 않고 원석을 주신대.
그 원석을 보석으로 아름답게 만들어 가며 세팅하는 건
상대 배우자가 결혼생활을 통해 해 나아가야 할 몫이고.
아빠가 엄마하고 결혼할 때 많은 사람들이
엄마가 아깝다고 얘기했는데 지금은 아빠 칭찬도 많이 해. ^^
엄마가 원석이었던 아빠를 보석으로 만들어 주고 있기 때문이야.
사랑하는 하음아,
하음이가 커서 만날 사람에게 엄마 같은 사람이 되어 주렴.
현숙한 아내, 지혜로운 엄마, 이웃을 사랑하는 크리스천,
원석인 상대방을 보석으로 만들어 줄 수 있는 사람.
그리고 가장 중요한,
주님 안에서 축복의 만남을 갖는 주인공이 되어 주렴.
하음아!
I LOVE YOU & GOD BLESS YOU!

하음이가 엄마를 닮기를 매일 기도하는 아빠가

하늘에서 내려온 선녀

날개를 찾고 있니?
내가 숨겨 놨지.^^

나에게는 감사할 것들이 너무도 많다.
그중에서 하나님께서 혜영이를 통해 주신
하음이는 나에게 큰 감사의 제목이다. SEAN

원래는 엄마와 아빠 꺼.
하음이가 한입 먹어 보고는 바뀌었다.
엄마와 하음이 꺼. ㅠㅠ
그러나 하음이 먹는 거만 봐도 나는 배부르다.
하음이를 사랑하기 때문이다.

사랑은 배고프다. ㅋㅋㅋ

SEAN

원더 모녀 1

하음아,
너의 웃는 모습이 엄마에게 얼마나 큰 행복인지 아니?
이제 익숙해질 만도 한 너의 걷는 모습이
엄마는 아직도 신기할 뿐이란다.
엄마가 10개월 동안 뱃속에서 키우고
배 아파서 세상에 나온 지 얼마 안 된 거 같은데
이제 걷는 걸 넘어서 뛰는 너를 보면서
엄마는 매일 초심을 생각해 본단다.
나의 욕심을 버리고 하나님 뜻대로
너를 키우기로 했던 그 마음.
하음아, 세상을 향해 힘껏 걸어 나아가렴.
엄마는 너를 위해 매일 무릎 꿇고 기도할 테니까.
사랑하고 축복해! HY

원더 모녀 2

머리에서 발끝까지 모두 사랑스러워~!
그 밝은 미소로 우리의 이웃에게
행복을 전해 주길……. SEAN

슈퍼 부녀 1

하음아,
너의 존재만으로도 아빠의 삶이 더 의미 있어진다는 거 아니?
너의 존재만으로도 아빠의 삶이 더 행복해진다는 거 아니?
너의 존재만으로도 아빠의 삶이 더 사랑으로 채워진다는 거 아니?
너의 존재만으로도 아빠의 삶이 더 감사가 많아진다는 거 아니?
너의 존재는 아빠에게는 큰 힘이야.
바로 슈퍼 파워!
하음아, 네가 커서 너의 존재가 다른 사람들의 삶을
더 의미 있게 해 줬으면 해.
너의 존재가 다른 사람들의 삶을 더 행복하게 해 줬으면 해.
너의 존재가 다른 사람들의 삶을 더 사랑으로 채워 줬으면 해.
너의 존재가 다른 사람들의 삶을 감사가 더 많아지게 해 줬으면 해.
너의 존재가 사람들에게 큰 힘이 되는 그런 사람이 되렴.
불의와 당당히 맞서고 힘없는 사람을 도와주는
그런 슈퍼 우먼. ^^
혹시 그렇게 살다가 힘이 떨어지면 또 무릎 꿇고 기도하렴.
너와 항상 함께해 주시는 예수님이 너에게 힘을 주실 테니까.
그리고 아빠도 매일 중보하고 있을 테니까.
사랑해, 나의 슈퍼 하음!

"항상 기뻐하라 쉬지 말고 기도하라
 범사에 감사하라."

이 말씀을 붙잡고 살고 있는 아빠 슈퍼 션

슈퍼 부녀 2

내가 우선이고 나의 버팀목이 되어 주신
부모님.
이제 나도 우리 딸을 우선으로
하음이의 버팀목이 되겠습니다.
어머니, 아버지 감사합니다. SEAN

세상에서 두 번째로 이쁜 하음이
첫 번째는 누구냐고요?
바로 하음이 엄마. ^^

아빠 품 안에

하음이는 아주 아기였을 적부터
나의 품 안에 안겨 있는 걸 좋아했다.
항상 나의 품 안에 안겨 잠들곤 했다.
하음이한테는 나의 품 안이 편안하고 좋은가 보다.
나 또한 하음이가 가장 사랑스러울 때가
내 품 안에 꼭 안겨 있을 때다.
웃을 때나 애교 부릴 때나 다른 이쁜 짓을 할 때도
아니 가끔 떼를 쓸 때마저도 사랑스럽지만,
가장 사랑스러울 때는
아빠인 나의 품에 아주 꼬옥 안겨 있을 때다.

나도, 나의 아버지 하나님 품 안이 너무 좋다.
하나님 품 안에 있으면 평안하고 행복하다.
때론 하나님 일을 한다고, 나에게 맡겨진 사역이라고,
분주하고 정신없이 지낼 때가 있다.
다 하나님을 위함이라고 생각하면서.
하나님은 나에게 이렇게 말씀하신다.
나의 애교도 하나님을 위한 수고도 좋지만
하나님을 가장 행복하게 하는 건,
그 바쁜 가운데 하나님의 품을 떠나 있는 것이 아닌
내가 하나님의 품 안에 안겨 있는 거라고.

하음아!

누가 불렀어요?

하음이=행복
웃어 봐 하음아~!
하하하하!

창밖에 보이는

하음이가 창밖을 바라봅니다.
아직 어린 우리 하음이 눈에는 이 세상이 어떻게 보일지 모르지만
'하나님이 지으신 이 세상은 아름답다'라고 알려 주고 싶습니다.
그래서 하음이에게 하나님을 먼저 알게 하고 싶습니다.

하나님 호~ 해 주세요

하음이가 놀다가 넘어지거나 부딪혀서 울면
달려가 하음이를 안고 바로 기도를 해 줍니다.
"사랑이 많으신 하나님, 우리 사랑하는 하음이가 다쳤습니다. 아파서 웁니다.
하나님 호~ 해 주세요.
그렇게 해 주시면 안 아픈 걸로 믿습니다. 예수님의 이름으로 기도드립니다. 아멘."
이렇게 기도를 해 주면 세게 부딪혀서 아플 만도 한데, "아멘" 하고 바로 울음을 멈춥니다.
너무 신기하고 하음이의 믿음이 대단하다는 생각이 듭니다.

나는 살아가면서 어떤 일이 닥쳤을 때, 바로 하나님께 무릎 꿇고 기도했는지 돌아봅니다.
그리고 나의 일을 하나님께 알리고 아멘 했을 때, 혹시 그 일들이 해결이 안 됐을지라도
믿음으로 나의 마음을 온전히 하나님께 맡겼는지 생각해 봅니다.
나의 딸 하음이가 다쳤을 때, 호~ 해 주시는 하나님이 내가 마음 아프거나 힘들어할 때도
호~ 해 주실 줄로 믿으며 하음이의 믿음을 닮기 원합니다.
"사랑이 많으신 하나님, 하음이 아빠인 제가 세상의 일들로 마음을 다칠 때가 있습니다.
마음이 아파서 웁니다. 하나님 호~ 해 주세요. 그렇게 해 주시면 안 아플 걸로 믿습니다.
예수님의 이름으로 기도드립니다. 아멘."

SEAN

아빠 아치!

요새 하음이가 가장 많이 하는 말.
"아빠 아치!"
내가 밥을 가져다준다 해도
"아빠 아치."
내가 옷을 입으러 간다 해도
"아빠 아치."
내가 화장실을 간다 해도
"아빠 아치."
내가 무엇을 한다고 해도 어디를 간다 해도
"아빠 아치"라고 한다.
아빠와 같이 가겠다는 뜻이다.

성경에는 하늘로 들려 올라간 세 명의 인물이 나온다.
에녹, 엘리야, 그리고 예수님.
엘리야는 많은 능력을 행한 선지자였고
예수님은 하나님의 아들이셨기에
하늘로 들려 올라가셨다.
그럼 에녹은?
성경 안에 에녹에 대해서는 창세기에 한 줄 써 있다.
"에녹이 하나님과 동행하더니 하나님이
그를 데려가시므로 세상에 있지 아니하였더라" (창 5:24).
하나님이 가장 기뻐하시는 건
매일 하나님과 동행하는 일인 것 같다.
나는 생각해 본다,
하나님께서 계획하시고 가시는 곳에 나는 얼마나
"아빠 아치!"라고 하는지.
하음이가 내가 어디를 가려 하든지
"아빠 아치!"라고 하듯이,
나도 하나님이 함께하시는
어느 곳이든 무엇이든
"아빠 아치!"라고 외치며
하나님과 동행하며 살고 싶다. SEAN

green project

꽃과 나무를 심고
열심히 가꿔 봐요.
하음이가 사는
다음 세대에도
지구가 살기 좋은
초록별이 되도록.

하음이 모델 되던 날

하음이가 기저귀 모델로 무대에 섰다.
모델료는
기저귀 500봉지와 물 티슈 1,000봉지.
하음이가 세상에 나와서 처음으로
직접 일해서 번 모델료.
그 모델료는
하음이의 이웃인 아이들을 위해
홀트아동복지회와 대한사회복지회에
보내졌다.
고마워, 하음아!

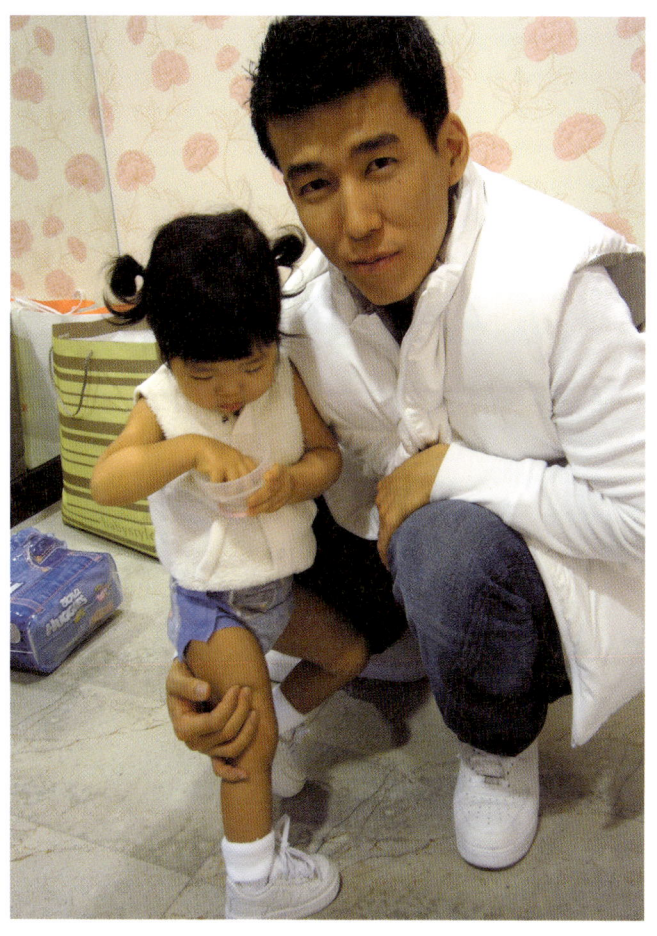

처음으로 자장면 먹던 날

하음이의 자장면 먹는 모습에서도 나의 모습이 보인다.
하음이의 외모뿐만이 아니라 이렇게 하음이의 행동에서도 나의 모습들을 쉽게 찾을 수 있다.
나 또한 겉으로 드러나는 모습에서만이 아닌,
나의 살아가는 삶 속에서 나의 아버지 하나님의 모습이 드러나길 간절히 바란다. SEAN

하음이의 두 번째 생일

"생일 축하합니다~ 생일 축하합니다~
사랑하는 우리 하음이~ 생일 축하합니다.~"
하음이의 두 번째 생일날 오후에
집에서 혜영이가 만든 케이크에
초를 꽂고 우리 가족끼리 파티를 했다.
생일 노래를 불러 줬더니 너무 좋아하면서
후우~ 하고 촛불을 껐다.
너무 이쁘게 잘 크고 있는 하음이.
혜영이에게 너무 고맙다.
우리는 이날 아침에 작년과 똑같이 서울대학교 어린이병원을 찾았다.
작년 하음이 돌 다음 날부터 하루에 만 원씩 모은 돈 365만 원을 들고,
귀가 안 들려서 말을 못 배우고 있는 20개월 된 어린아이를
수술시켜 주기 위해서.
인공와우 이식수술이란 걸 받고 노력하면, 듣고 말할 수 있다고 한다.
작년에도 같은 병의 아이를 한 명 수술하도록 도왔는데
그 아이는 이제 듣기도 하고 말도 조금씩 배우고 있다.
하지만 인공와우 수술이 너무 늦으면
말을 배우는 학습 능력이 떨어져 말 배우기가 쉽지 않다고 한다.
우리는 또 내일부터 하음이 이름으로 만 원씩을 저금하려 한다.
그리고 내년 하음이 세 번째 생일에 수술시켜 줄,
아직 누군지 모르는 그 아이를 위해 기도한다.
하음이가 커서 직접 돈을 벌기 전까지는 우리가 매일마다 만 원씩 모은 365만 원으로
하음이 생일에 귀가 안 들리는 어린아이 한 명을 수술해 주고,
하음이가 돈을 벌기 시작하면 하음이가 매일마다 만 원씩 모은 365만 원으로
자기 생일에 어린아이 한 명을 수술시켜 줄 수 있도록,
그래서 평생 하음이가 자기 나이만큼의 어린아이들을
수술시켜 주는 꿈을 가져 본다.
70세까지 살면 최소한 70명의 아이들을
80세까지 살면 최소한 80명의 아이들을 수술시켜 주고
그 아이들에게 예수님의 복음을 듣게 해 주는 하음이가 됐으면 하는 바람으로
우리는 또 내일부터 하음이 이름으로 만 원을 저금하려 한다.

모래성 안의 두 공주

나는 혜영이를 공주처럼 생각하고 공주처럼 대해 주며 산다.
공주의 남편인 나는 왕자가 된다.
나는 우리 딸 하음이도 공주처럼 생각하고 공주처럼 대해 주며 산다.
공주의 아빠인 나는 왕이 된다.
공주가 되고 싶으면 남편을 왕자로 대하고, 왕자가 되고 싶으면 아내를 공주로 대하고.
상대방을 귀하게 여기고 대해 주면 나도 그만큼 귀해지는 것 같다. SEAN

너의 뒤에는……

하음아,
네가 좀더 어릴 때는 항상 너를 내 품에 안고 다녔는데
이제 네가 직접 걸어 다니는 게 아빠는 너무 신기하단다.
하음아, 알고 있니? 네가 걸어서 이쪽저쪽 다닐 때 아빠는
너의 뒤에서 항상 따라가고 있다는 것을.
하음이가 자라서 자신의 결정에
책임질 줄 아는 사람이 되었으면 좋겠어.
그리고 혹시 살다가 힘들거나 넘어지면 뒤를 돌아보렴.
너의 뒤에는 아빠가 있단다.
그리고 더 중요한 건 너와 항상 동행해 주시는
하나님 아버지가 계시단다.

남자 아기를 유난히 좋아하는 혜영이,
자기를 닮은 **하랑이**한테 요새 푹 빠졌다.
그럼 나는. ㅠㅠ

LIL SEAN
하나님이 주신 두 번째 선물, 하랑이

feat. 신애라

"남편들아 아내 사랑하기를 그리스도께서 교회를 사랑하시고
그 교회를 위하여 자신을 주심같이 하라.
아내들이여 자기 남편에게 복종하기를 주께 하듯 하라."
에베소서 말씀을 떠올리게 하는 가정이 있습니다.
잔잔하면서도 아름답게 빛을 발하는 가정.
나서지 않는데도 언제나 돋보이는 가정.
어느 날 혜영 씨가 이런 이야기를 한 적이 있어요.
"하나님을 잇고 지내게 될 때가 많은데 남편 모습을 보면
예수님이 생각나요."
얼마나 부럽고 귀한 고백인지요.
이 가정으로 인해 많은 사람들이 하나님을 보게 될 거라 믿고 기도합니다.
션, 혜영 씨, 하음이 그리고 하랑이, 사랑합니다.

신애라

하나님의 사랑=하랑

하나님은 내가 좋아하는 하트를 나의 삶 구석구석에 숨겨 놓으셨다.
찾는 재미가 솔솔~. ♡

2004년 10월 12일 신혼여행지에서

그리스 산토리니 화산섬에서 수백만 개의 돌들 중에
내가 발견한 돌. 신혼여행을 기념할 돌을
가져가고 싶다고 기도한 후 열 발짝 정도를 걸은 후에
발견했다. 하나님께서 내게 주신 하트!

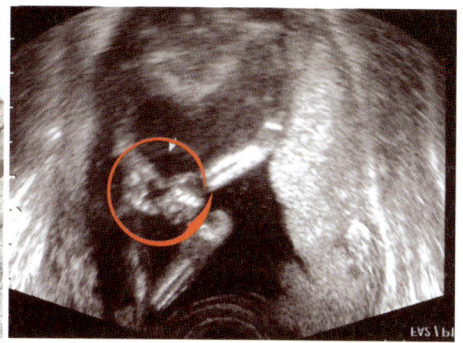

2005년 8월 5일 하음이가 16주 됐을 때 초음파 사진

두 손을 겸손히 가지런하게 모으고
우리에게 하트를 그려 줬다.

2006년 8월 11일 어느 더운 여름날

하음이와 남편에게 주려고 수박화채를 만들다가
찾았다! 하나님께서 이번에는 수박 안에다 숨겨 놓으셨네.
수박 안에 있는 하얀 심지가 정확히 하트였다.

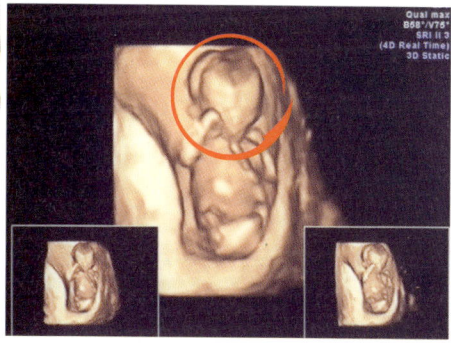

2007년 3월 30일 하랑이가 13주 되었을 때 초음파 사진

하랑이의 얼굴이 갸름하다고 했는데 그 모양은 바로 하트~!
너의 이름은 하랑이야, **하나님의 사랑**!

내가 살면서 가장 행운이라고 생각하는 건
당신과 결혼한 거야.
내가 살면서 제일 잘한 일이라고 생각하는 건
당신에게 하나님을 전한 거고.
그리고 내가 살면서 느끼는 가장 큰 행복은 당신이
예수님을 알아 가면서 행복해하는 걸 보는 거야.
당신의 하음이, 그리고 하랑이에 대한 고백들이
나에게 얼마나 큰 감사의 제목이 되는지 몰라.
우리 결혼식 비디오에 나오는 음악에 이런 가사가 있잖아.
"Everyday is my lucky day"
나도 매일 그런 고백을 하면서 살아.
당신과 사는 매일매일이 나에게 가장 큰
행운의 날들이라고.
내가 생각하기엔 여자가 가장 이쁠 때가
웨딩드레스를 입고 결혼할 때 같아.
그리고 여자가 가장 아름다울 때는 아기를 가졌을 때 같고.
나는 당신의 가장 이쁜 모습과
가장 아름다운 모습을 본 행운의 남자야.
이제 나는 당신의 가장 아름다운 모습을
두 번째로 보게 됐어. 물론 항상 아름답지만.
당신의 하나님에 대한 아름다운 고백과 함께,
"You are so beautiful!" SEAN

하나님의 사랑

제겐 어릴 적부터 작은 꿈이 있었습니다.
나중에 어른이 되어서 행복한 가정을 꾸미는 거였습니다.
대학생이 되었을 때 너무도 우연히 꿈도 한 번 꿔 본 적이 없는
연예인이 되고 연기자의 길을 걷게 되었습니다.
그리고 어릴 적 가졌던 꿈을 조금씩 잊고 살아가던 어느 날,
제 삶에 한 남자가 다가왔습니다.
그 남자를 통해 하나님을 알게 되고,
어릴 적 꿈들이 이뤄지기 시작했습니다.
그 남자와 함께 제가 꿈꿔 오던 작은 정원에서 아름다운 결혼식을 갖고,
가정을 꾸리게 되었습니다.
바로 제가 어릴 적부터 꿈꿔 왔던 행복한 가정을.
하나님께서는 내가 그분을 잘 알지도 못했던 때 했던
나의 작은 기도를 들어주고 계신 것 같습니다.
그리고 얼마 후
사랑하는 남편과 저에게 귀한 생명을 선물해 주셨습니다.
바로 하음이를.
이 아이는 나에게 하나님의 마음을 전해 준 귀한 아이입니다.
그리고
1년이 조금 넘게 지난 지금, 하나님은 사랑하는 남편과 저에게
두 번째 귀한 생명을 선물로 주셨습니다.
이 아이는 하나님이 나에게 하시는 사랑 고백이고
또 내가 살아가면서 하나님께 할 사랑 고백입니다.
그래서 내 뱃속에 있는 둘째 아이의 이름을
하랑이라고 지었습니다.
이 아이를 통해 세상에 하나님의 사랑이 전해지길 기도하면서. HY

하랑이를 소개합니다!

혜영이와 나는 결혼식 청첩장에 요한일서 4장 7-8절 말씀을 넣었다.
"하나님은 사랑이심이라."
하나님의 사랑을 경험한 우리 둘의 고백이었다.
2004년 10월 8일 결혼한 우리에게 하나님은
2006년 1월 24일 하음이에 이어
2007년 10월 3일 하랑이를 선물로 주셨다.
하랑이는 '하나님의 사랑',
우리 부부의 두 번째 고백이다.
하나님께서 우리 부부에게 부어 주시는 사랑의 고백.
그리고 하랑이를 통해 하나님의 사랑이 이 세상에 전해지기를 바라는
우리의 기도이다.

하음이의 동생 적응기

첫째 날
엄마가 진통이 와서 병원에 간 날, 하음이와 병원에 같이 갔다.
침대에 누워 있는 엄마의 배를 가리키며,
하음이 동생이 뱃속에 있는데
오늘 세상에 나온다고 말해 주었다.

둘째 날
하음이가 병원에 와서 신생아실에 있는 동생을 보았다.
엄마가 아닌 간호사 언니가 안고 있는 하랑이의 모습이
하음이가 본 하랑이의 첫 모습이다.
엄마 뱃속에 있던 아기라고 설명해 주었다.
오후에는 엄마 방에서 아기 침대에 따로 누워 있는
하랑이의 모습을 보여 주었다.
하랑이를 만지기도 하며 신기해했다.

셋째 날
퇴원 후 집으로 가서
하음이가 집에 올 때쯤, 하랑이를 아기 침대에 뉘었다.
하음이가 집에 와서 본 하랑이의 첫 모습도,
엄마와 따로 있는 모습이었다.
하랑이가 울 때 엄마가 안아 줘도 되냐고 묻자,
고개를 끄덕였다.
조금 있다 엄마 젖을 줄 때, 처음에는 안 된다고 하다가
하랑이에게 젖을 물리자 식구로 인정했는지
더 이상 떼를 쓰지 않았다.

그 후로는 하랑이가 울면 오히려 하음이가 젖을 주라고 하면서
동생 걱정에 더 바빠진다.
그리고 안아 주고 뽀뽀해 주고 누나의 몫을 잘해 나가고 있다. SEAN

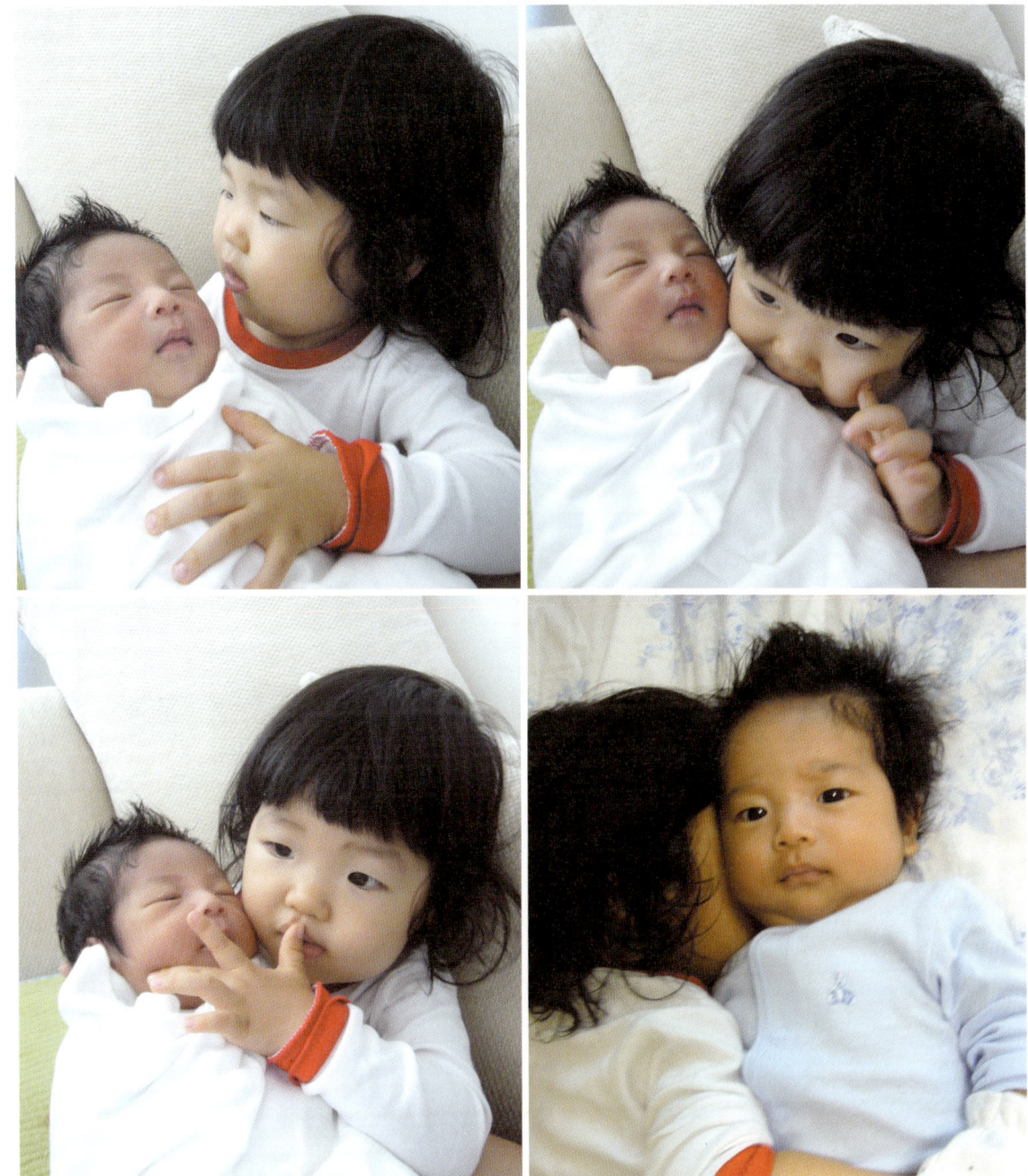

나도 이러면 하랑이와 똑같다!
아빠 생각. ^^

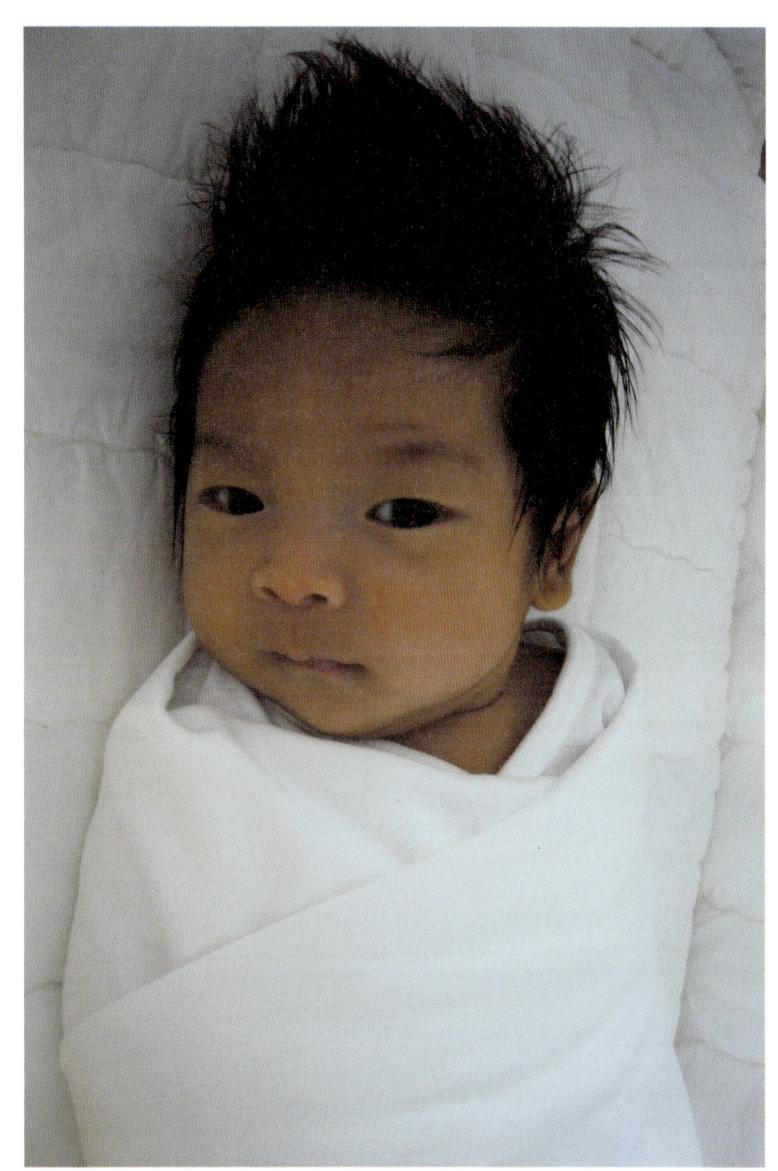

환한 하음, 화난 하랑?

나에게 동생이 생겼어요! ^^
하나님, 동생을 주셔서
감사해요!

나 배고파요!
하지만 하나님,
누나가 있어서 **감사해요!**

**하랑이는 엄마를
쏙 빼닮았어요!**

하랑이의 살인 미소
하랑이도
엄마 뽀뽀가 좋은가 보다.
나도! 나도!
SEAN

혜영아,

10개월 동안 너 자신을 희생하면서
뱃속에서 하랑이를 키우느라 수고했어.
해산의 고통을 잘 견디고 아기를 건강하게 낳느라 수고했어.
이번에는 나에게 왕자님을 선물해 주느라 수고했어.
(너 말대로 딸이었어도 하음이와 잘 놀 수 있어서 좋았을 텐데.)
그리고 무엇보다 너와 아기가 건강해 줘서 고마워.
너는 100점 만점에 200점짜리 아내고, 엄마야. 사랑해!

하랑아,

10개월 동안 엄마 뱃속에 있느라 수고했어.
너의 예정일이던 10월 3일에 정확히 맞춰 나오느라 수고했어.
엄마 뱃속에서 나올 때 너도 많이 힘들었을 텐데,
순조롭게, 엄마 많이 힘들지 않게 하고 나오느라 수고했어.
하랑아, 아빠 엄마에게 와 줘서 너무 고마워. 사랑해! SEAN

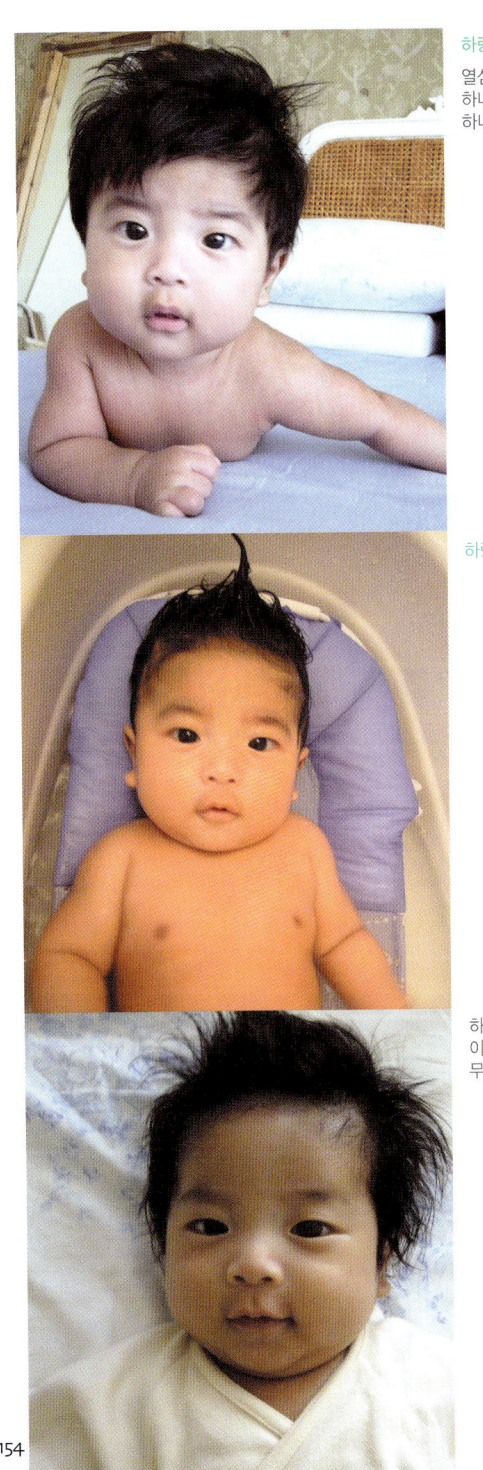

하랑이는 몸짱^^

열심히 운동 중!
하나, 둘, 셋, 넷~.
하나, 둘, 셋, 넷~.

하랑이는 목욕 중

하랑이의 몸이 자라듯
이 아이의 영혼도 하나님의 말씀으로
무럭무럭 자라길 매일 기도한다.

아빠: "하랑아, 아빠가 좋아 엄마가 좋아?"
하랑이: (골똘히 생각 중)
　　　　곤란한 질문 하지 마세요.

하랑이 이쁜~짓!

사랑하는 하랑이에게

하랑아, 네가 태어난 지 벌써 100일이 되었어.
아빠는 참 행복한 시간들이었는데
너는 어땠는지 궁금하네.
너에게도 행복한 시간들이었으면 좋겠는데…….
'네가 지금 말을 할 수 있다면' 하는 상상을 해 봐.
엄마의 편한 뱃속에서 낯선 세상에 나와 적응하느라
쉽지는 않았겠지만,
또 모든 게 새로워서 어리둥절했을 테지만,
하랑이 너는 아주 잘하고 있어.
엄마 아빠를 보며 웃어 주고, 잘 먹고
(네 누나도 잘 먹었지만 하랑이 너의 먹성을 보고 아빠는 깜짝 놀랐어.^^),
응가도 잘하고 (한번은 네가 며칠 동안 응가를 못 했을 때 많이 걱정했단다. 휴우~.)
밤중 수유도 알아서 끊고,
저녁에는 10시간이나 깨지 않고 자는 너를 보면 대견하고 고마워.
하랑아, 너를 키우면서 초심을 잃지 않도록 노력하고 기도할게.
너의 존재 자체가 아빠에게는 감사고 또 행복이라는 걸 말이야.
아빠가 하랑이에게 바라는 게 있다면 하나님을 경외하며,
예의 바른 사람으로 자라는 거야.
아빠도 하랑이에게 먼저 본이 되도록 하나님을 경외하며,
또 하나님 앞에서 사람들 앞에서
예의 바른 사람으로 살아가도록 노력할게.
그리고 너의 이름대로 하나님은 사랑이심을
세상에 전하는 귀한 아이가 되길 기도하고 축복한다.
사랑해 하랑아!

하랑이 아빠가

듬직한 하랑이에게

하랑아, 너는 어쩌면 이렇게도 엄마의 큰 기쁨이 되어 주니.
너의 존재만으로 엄마는 행복하단다.
우리 가정에 남자가 둘이나 있다는 거.
아빠와 하랑이로 인해 엄마가 얼마나 든든한지 아니?
하랑이는 엄마를 200점짜리로 만들어 준 나의 보물이야.
그리고 사람들이, 하랑이는 엄마를 쏙 빼닮았대. ^^ (아빠의 기도 덕분이야.)
보통 둘째는 예정일보다 더 일찍 나온다고 그러는데,
너는 빠르지도 또 늦지도 않게 정확하게 너의 예정일에 세상에 나온 아이란다.
너를 통해 하나님이 엄마와 아빠에게 정확한 시간의 중요성을 다시 묵상하게 하셨어.
하랑아! 앞으로도 하나님이 정해 주신 그 정확한 시간표에 맞춰 사는
하랑이가 되길 기도할게.
엄마가 하나님을 안 지 오래되지는 않았지만 엄마가 알아낸 건
나의 계획대로 나의 시간대에 맞춰 살려고 아등바등거리면서 사는 것보다
하나님께 모든 걸 맡기고 하나님의 시간에 맞춰 사는 게
더 행복하게 사는 비결이라는 거야. ^^
하랑아, 너의 이름이 왜 하랑이인지 아니?
하나님의 사랑, 너는 하나님이 나에게 하시는 사랑 고백이고
또 내가 살아가면서 하나님께 할 사랑 고백이기 때문이야.

하랑이 너에게는 너보다 20개월 정도 위인 누나가 있다는 거 알고 있지?
하음이 누나.
하음이 누나가 나이에 안 맞게 너를 끔찍이도 사랑하고 위해 주고 있단다.
하음이 누나는 네가 울면 더 바빠져서,
방을 왔다 갔다 하면서 엄마 손을 붙잡고 엄마 "쭈쭈" 하며 너에게 데려가고,
너에게 뽀뽀해 주고 너를 안아 주는 너무도 귀한, 사랑이 많은 누나야.

하랑아 100일 동안 엄마에게 행복한 시간을 너무 많이 선물해 줘서 고마워.
앞으로 살아가면서 더욱 많은 행복한 시간들을 선물해 주겠지만. ^^
너를 엄마에게 선물해 주신 하나님께 감사하며, 처음 그 마음으로
하랑이를 아빠를 닮은 멋진 남자로 키우도록 노력해 볼게. ^^
항상 너를 위해 기도하면서.
사랑해, 나의 작은 왕자 하랑아!

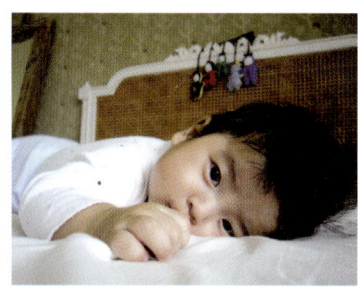

하랑이 엄마가

새해 첫날을 맞이하며

새해 첫날인 1월 1일 아침에 일어나서 보니, 어제 오후에 공연 때문에 나갔던
남편은 1월 1일 0시부터 6시간 동안 하는 'YG FAMILY'가 다 나오는
원one콘서트에서 여섯 시간 공연을 마치고 들어와 잠이 들어 있었습니다.
4년 전에 그 자리에서 6시간 공연 엔딩곡이 끝나고 앵콜곡 때,
남편에게 프러포즈를 받고 다음 해 결혼해 오순도순 행복하게
남편과 살아온 지 3년이 지났습니다.
그 안에 우리 가족은 하나님께서 주신 선물들로 4명 가족이 되었습니다.
나는 결혼하고 3년이란 세월 동안 남편과 한 명씩 늘어 가는 우리 아이들,
그리고 이웃들과 함께 예수님의 사랑 안에서
살아가는 방법을 배우고 있습니다.
잠자는 남편을 보며 생각합니다.
하나님을 알게 해 준 귀한 사람,
나에게 행복을 알게 해 준 고마운 사람,
두 아이의 엄마가 되는 기쁨을 알게 해 준 듬직한 사람…….
남편은 나에게 행복을 가르쳐 주고 있습니다.
예수님 안에서의 행복. 나눔의 행복. 작은 것에 감사하는 행복.
항상 남편이 나눔에 대한 의견을 먼저 제시했는데
서당개 3년이면 풍월을 읊는다고
올해는 새해 첫날 내가 먼저 남편에게 제의하려고 합니다.
결식아동들을 위해 1,000만 원을 나누자고.
우리 가정의 행복이 넘쳐흐르길 바라며
우리 아이들도 이웃과의 사랑을 행복으로 느끼며 커 가길 바라는 마음으로
올 한 해를 나눔으로 시작하려 합니다.

우리 가족 신발

나, 혜영이, 하음이, 하랑이~.

남편에게 너무나 특별한 선물을 받았다. 바로 평생 천사 회원증.
내 이름으로 다일 천사병원에 1004만 원을 기부해서
평생 천사회원이 되었다.
살면서 이런 선물을 받을 줄이야.

당신이 있기에 나도 행복해!

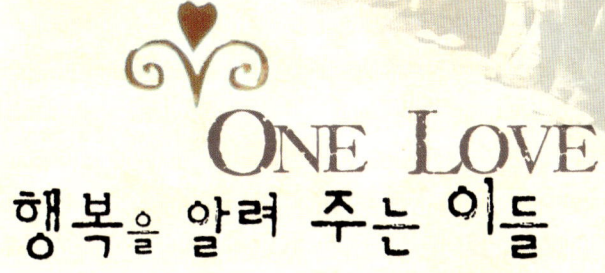

ONE LOVE
행복을 알려 주는 이들

feat. 정은아

션, 정혜영 그리고……

#**장면 하나**
어두운 무대 뒤. 아이는 장애를 가진 낯선 언니 오빠들 사이에서 엉덩이를 씰룩대고 있다.
모자를 옆으로 눌러쓴 젊은 아빠는 댄서들과 함께 무대를 열정적으로 누빈다.
점잖고 소박하던 공간이 일순 뜨거워진다.
"아이 엄마는 며칠 전 둘째를 낳아 같이 오지 못했어요."
예상을 뛰어넘는 정성스런 공연에 모두가 열렬히 박수를 보낸다.
장애인으로 이루어진 홀트 합창단 정기공연에서의 일이다.

#**장면 둘**
교회 로비에서 한 무리의 사람들이 흥겹게 노래하고 있다. 청바지에 흰 티셔츠 차림.
낯익은 얼굴들이 보인다. 아빠와 맨얼굴의 엄마는 이쪽저쪽 끝에 서서
서로 눈을 마주치며 아주 열심이다. 아침에도 보았는데…….
그들은 컴패션을 알리기 위해 곳곳을 순회 중이다.
밤 예배를 마친 늦은 시각,
아빠 품에 안겨 게슴츠레 눈이 풀린 하음이는 졸립다.
정말 졸립다.

생각하기는 쉬워도 행동하기는 얼마나 어려운지.
더구나 누군가의 마음을 움직이고 바로 행동하게 만드는 힘은
쉬 주어지는 것이 아닙니다. 이들 가족을 보며 한 친구는
아이를 위한 기도가 달라졌다 하며, 한 후배는 자신의 결혼생활에 대한
구체적 본보기를 갖게 되어 기쁘다고 말합니다.
그럴 때마다 저는 하음이 가족과의 짧은 만남을 즐겁게 들려주곤 하지요.
자신에게 주어진 것보다 더 많은 것을 해내는 사람들이 있다더니
바로 이들인 모양입니다. 그들이 '꾸는' 꿈이 얼마나 큰 것인지 다 알지 못하지만,
저는 세상이 그들이 '믿는' 방향으로 나아가리라 믿습니다.
그가 그녀에게, 그녀가 그에게
얼마나 맞춤한 짝꿍인지 보는 것만으로도 참 행복합니다.

정은아

오병이어!

밥퍼는 1989년 9월 10일, 최일도 목사님이 청량리역에서
배고프신 어르신에게 라면 하나를 끓여 드린 것으로 시작해서
1990년에 밥으로 전환했고
2006년 5월 2일에는 300만 그릇을 돌파했다.
지금은 매일 1,500명 정도가 청량리 밥퍼에서 식사를 하고 있으며,
밥퍼는 국내와 제3세계에도 하루 약 3,000명의 식사를 제공하고 있다.
라면 하나로 시작한 공동체가 축복으로 인해 매일 3,000명에게
식사를 제공하는 공동체가 됐다.
우리 부부도 매일 만 원과 기도를 밥퍼에 드린다.
만 원의 행복, 오병이어의 기적을 꿈꾸며……

기적의 라면 냄비

최일도 목사님이 1989년 청량리역에 계신 노숙자 분에게
처음 라면을 끓여 주었던 라면 냄비.
그리고 얼마 있다가 라면에서 밥으로.
18년이 지난 지금 밥퍼는,
하루에 1,500명 정도의 노숙자 분들에게 식사를 대접한다.
최일도 목사님은 얼마 전에 300만 번째 그릇의
밥을 펐다고 하셨다.
오병이어의 기적은 예수님 안에서,
오늘도 우리 주위에서 일어난다.

만 원의 행복!

저와 제 아내는 결혼을 하고 매일 하루 만 원씩 모아, 결혼기념일에 청량리에 위치한
밥퍼라는 무료 급식소를 찾아 365만 원을 전달하고 그날 노숙자, 행려자,
무의탁 어르신들께 식사 드리는 일을 돕습니다.
결혼기념일에 이 일을 함으로써 하루 즐기면서 끝날 수 있는 날에
조금 더 의미를 주고, 우리 부부가 하나가 되어 같은 뜻으로 행복의 의미를
생각해 보는 날로 만들었습니다.
첫 번째 결혼기념일에 밥퍼에 다녀와서 제 아내가 고백한 말이 있습니다.
"작은 걸 나누지만 큰 행복을 가지고 돌아오네요."
행복은 가짐에 있지 않고 나눔에 있는 것 같습니다.
우리 부부는 밥퍼를 위해 매일 만 원을 나눴습니다.
만 원을 가지고 우리 부부가 매일 맛있는 걸 사 먹을 수도 있고 무엇을 살 수도 있습니다.
만 원을 쓰면서 우리는 잠깐 동안 기쁨이나 행복을 느낄 수 있습니다.
하지만 만 원을 1년 동안 모으고 나눈 결과 우리는, 너무도 큰 행복을 가질 수 있었습니다.
매일 만 원씩 1년을 모으자 365만 원이 되었습니다.
만 원이면 그렇게 큰 액수라고 생각 못 할 수도 있지만 1년이 지나자
365만 원이라는 상당히 큰 액수가 되었습니다.
밥퍼에는 하루 1,500명 정도의 어르신들이 오십니다.
이분들에게 하루 한 끼 식사 제공하는 데 드는 비용이 150만 원쯤.
우리 부부의 만 원이 모여 1,500명의 어르신들에게
이틀 식사를 제공하고도 남는 돈이 됩니다.

물론 매일 만 원이 모든 분들에게 결코 적은 액수는 아니라고 생각합니다.
그러면 단위를 줄여 매일 천 원으로 해 보겠습니다.
한 쌍의 신혼부부가 매일 천 원을 1년 동안 모은다면 1년에 36만 5천 원이 됩니다.
같은 날 결혼한 네 쌍의 신혼부부가 매일 천 원씩 1년 동안 모은다면 146만 원이 됩니다.
이렇게 하면 1,500명 어르신들의 한 끼 식사가 해결됩니다.
2001년 통계에 의하면 하루 평균 835쌍이 결혼을 하고
458쌍이 이혼을 한다고 합니다.
결혼하는 835쌍 중에 0.5퍼센트 정도인 네 쌍의 부부가 하루에 천 원씩 모아서
자신들의 결혼기념일에 밥퍼를 찾아 36만 5천 원을 나누고 봉사한다면,
밥퍼를 찾는 1,500명의 노숙자·행려자·무의탁 어르신들의 하루 식사가 해결됩니다.
1년에 1,460쌍의 부부가 매일 천 원씩 모아 자신들의 결혼기념일에 나누면
1,500명 어르신들의 1년 식사가 해결됩니다.
더 나아가 하루 결혼하는 835쌍의 1퍼센트 정도인 여덟 쌍이 천 원씩 나누기 시작한다면
우리는 밥퍼를 한 군데 더 세울 수 있습니다.

천 원의 기적입니다.

제가 매일 835쌍이 결혼하고 458쌍이 이혼한다고 밝힌 건, 제 생각에는 천 원의 기적에
많은 부부가 동참할수록 이혼율도 줄 거라고 생각해서입니다.
작은 걸 나누며 행복의 진정한 의미를 찾고 매일 같은 목적으로 천 원을 모으며
결혼기념일에 부부가 하나의 마음이 되어 봉사할 때, 그 가정은 그 부부는
더욱더 하나가 되고 행복해지며 화목해질 거라고 믿습니다. SEAN

우리 결혼 2주년 특별 이벤트

결혼 2주년.
올해는 하음이와 함께해서 더 행복했습니다.
하음이가 자라면서 늘 주위의 이웃을 기억하고 섬기며
사랑을 나누는 아이가 되기를, 엄마 아빠는 항상 기도합니다.

따뜻한 한 끼를 준비하며

작은 걸 드리지만
나는 더 큰 행복을 받아 갑니다.

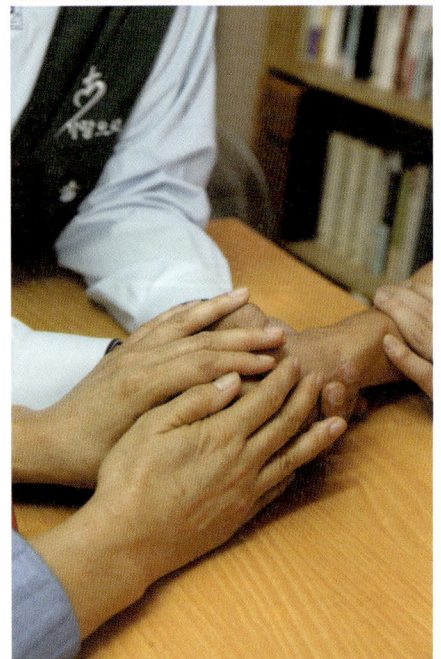

결혼 3주년, 하루에 만 원과 기도

올해도 결혼기념일에 밥퍼를 찾았다.
혜영이가 하랑이를 출산한 지 며칠 되지 않아
나 혼자서 찾은 밥퍼.
작년에 혜영이가 앉아서 마늘을 까던 자리에
내가 앉아 마늘을 까고,
작년에는 하음이를 안고 있어야 되어서
어르신들 식사 마친 식판을 설거지통에 넣는 일을 했지만
올해는 밥을 풀 수 있었다.
혼자 했기에 아쉬웠지만 아내의 행복까지 마음에 담아
집으로 돌아왔다.
결혼기념일, 그리고 출산한 지 얼마 되지 않았는데
나를 기쁜 마음으로 밥퍼에 보내 준 나의 아내.
나는 밥퍼에 가서 나의 아내의 마음까지 드렸다.
그리고 올해도 작은 것을 드렸지만
더 큰 행복을 가지고 돌아왔다.
결혼한 날부터 하루에 만 원 그리고 밥퍼를 위한 기도 한 번.
우리의 세 번째 결혼기념일에도
365만 원과 365번의 기도를 밥퍼에 드렸다.
우리의 하루 식사를 준비하는 작은 정성과 함께. SEAN

1004 병원

1992년에 청량리 588 주민들의
성금 475,000원 후원을 시작으로 한
천사 운동을 통해 2002년 10월 4일,
다일천사병원이 생겼습니다.
후원금으로만 유지되는
전액 무료 병원이고 대상은 외국인 노동자들,
제3세계 절대 빈곤 지역의 안면기형 장애아동,
그리고 의료보험이 없고
주소지가 없는 분들이십니다.
우리가 만난 아이들도 제3세계 빈곤 지역의
안면기형 장애아동들이었습니다.
천사병원으로 인해
웃음이 별로 없던 아이들에게 웃음이 생겼습니다.
희망이 없던 아이들에게 희망이 생겼습니다.
그 병원은 이름 그대로 천사들로 가득했습니다.

컴패션

컴패션은 소외되고 빈곤한 한 어린이를 단순히 구제하는 것에서 멈추지 않고 예수님의 사랑으로 품고, 후원자와 함께
그 어린이가 훌륭하게 성장하도록 돕는 기관입니다.
컴패션은 한국전쟁의 폐허 속에서 버려진 고아들의 참혹한 실상을 목격하게 된 에버렛 스완슨 목사님에 의해 시작됐습니다.
1952년 겨울, 목사님은 쓰레기뭉치를 발로 두어 번 툭툭 차고는
무심코 트럭에 던지는 인부들을 보게 되었습니다.
그런데 쓰레기뭉치 속에 삐져나온 아이의 손이 보여 트럭으로 올라가 봤더니
쓰레기더미 속에 아이들의 시체가 가득했습니다.
그는 미국으로 돌아가 전역을 돌며 크리스천들에게
한국의 불쌍한 아이들을 알리며 후원자가 되어 줄 것을 도전하였습니다.
그 후 40여 년 동안 10만 명이 넘는 한국의 아이들이 컴패션 안에서 양육되어
훌륭한 사회인으로 배출되었습니다.
그리고 2003년 11월에 한국은 후원국이 되었습니다.
지금 한국은 전 세계 24개국의 20만 명 어린아이들을 후원하고 있습니다.
여러분도 나중에 결혼해서 아이를 낳게 되면
아이의 교육을 생각하고 고민하실 것입니다.
컴패션은 일찍부터 우리 부부가 시작한 하음이의 교육입니다.
하음이가 뱃속에 있을 때 컴패션을 알게 되었고
그때부터 컴패션의 행사와 아이 후원을 시작했습니다.
많은 부모들은 자식들의 교육을 위해 돈을 아끼지 않습니다.
한 달에 100만 원 이상의 돈을 들여 교육을 하기도 합니다.
나 또한 내 아이를 사랑하고, 아이에게 좋은 교육을 시켜 주고 싶습니다.
그래서 우리 부부가 택한 게 컴패션입니다.

내 아이에게 지식보다 사랑을 먼저 가르쳐 주고 싶었기에…….
이웃을 사랑할 줄 모르고 자신만 생각하고
출세를 위해 더욱 높은 곳만 향하는 사람은 위험합니다.
그 사람이 많은 권력을 가질수록, 더 높은 위치에 올라갈수록
주위 사람은 힘들어집니다.
실제로 많은 분들이 자신을 위해 남을 희생시키곤 합니다.
하지만 이웃을 사랑하는 사람은 다릅니다.
그런 사람은 더 많이 갖고 더 높아질수록 선한 영향력을 발휘합니다.
그리고 혹 아주 작은 일을 하더라도 이웃을 생각하며 최선을 다하기 때문에
그 작은 영향력으로도 주위를 아름답게 변화시킬 수 있는 것 같습니다.
나는 우리 하음이를 작은 일을 하더라도
주위를 아름답게 만드는 사람으로 키우고 싶습니다.
그래서 하음이에게 매달 3만 5천 원이란 돈으로
이웃을 사랑하는 법을 가르치고 있습니다.

성경에 선한 사마리아인의 이야기가 있습니다.
율법사가 예수님께 와서 "나의 이웃이 누구입니까"라고 묻자
예수님께서 해 주신 이야기입니다.
어떤 사람이 길을 가다가 강도를 만나 상처를 입고 길에 버려져 있는데,
법을 잘 아는 제사장은 그냥 지나가고,
선민의식을 가진 레위인도 그냥 지나갔으나,
한 사마리아인이 그를 보고 측은한 마음에서 기름과 포도주를
상처에 바르고 싸맨 뒤 나귀에 태워 여관으로 데려갔습니다.
사마리아인은 그 다음 날 여관 주인에게 돈을 주고 강도 만난 사람을 돌봐 달라고

부탁하고는 돈이 모자라면 돌아오는 길에 갚겠다고 말했습니다.
사마리아인은 사람을 돕되 끝까지 책임감 있게 도왔습니다.
그는 유대인이 사람으로도 여기지 않는 사마리아 사람이었습니다.
하지만 선한 사마리아인은
상대방이 어떤 **종파** 어떤 **종족**인지 상관하지 않고
기꺼이 도움의 손길을 내밀었습니다.
바로 참된 이웃의 모습입니다.
우리 하음이가 이런 선한 사마리아인의 모습으로 살았으면 합니다.
나라와 피부색에 상관하지 않고 이웃으로 여기고
사랑하면서 살았으면 좋겠습니다.
도움이 필요한 사람에게 한 번의 도움으로 그치지 않고
그 사람이 어려움을 딛고 잘 설 수 있을 때까지
도와주는 사람이 됐으면 좋겠습니다.

지누션으로 데뷔한 지 벌써 10년이 됐습니다.
10년이란 기간 동안 수많은 무대에서 공연을 해 봤습니다.
10만 명 앞에서도 해 봤고 100명 앞에서도 해 봤고,
서울만이 아닌 전국 곳곳, 그리고 해외까지 참 많은 공연을 했습니다.
그러면서 참 많은 사람들을 만났고
그 사람들에게 감동과 기쁨
그리고 때론 행복도 전해 준 것 같습니다.
하지만 가수로서 무대에 서는 것만으로는 한 사람의 인생을
완전히 변화시키거나 큰 희망을 줄 수는 없었던 것 같습니다.
그러나 저는 지금 그런 일을 하고 있습니다.
그것도 아주 적은 액수로……
한 달에 3만 5천 원이라는 돈으로 옷을 입히고 먹이고 의료혜택을 주며,
공부를 할 수 있도록 도와주며 한 아이의 인생을 바꾸고 있습니다.
지금 저는 하음이와 하랑이의 아빠일 뿐만 아니라
제가 보살피는 컴패션 6명 아이들까지,
모두 8명 아이들의 아빠입니다. SEAN

스티븐

술탄

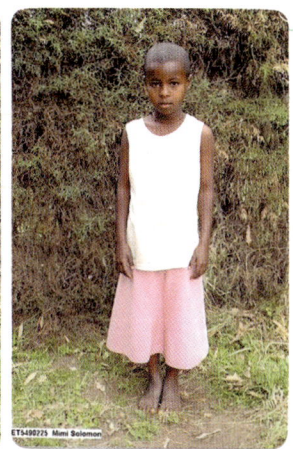
미미

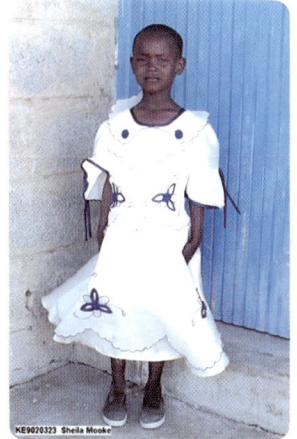
쉐일라

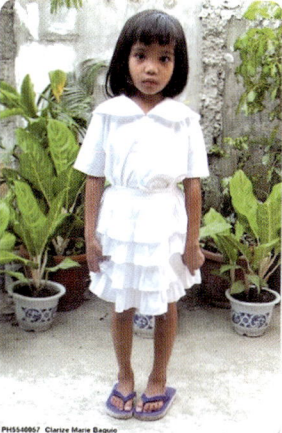
클라리제

리디아

홀트는 갓 태어난 하랑이가 뱃속에 있을 때 하랑이에게
가족이란 의미를 알려 주기 위해 택했던 곳입니다.

"We are all God's children!"

가족을 엄마, 아빠, 피가 섞인 형제로만 국한하지 않고
가족의 바운더리를 좀더 넓게 그려 주고 싶었습니다.
그래서 우리 하랑이는 이 세계를 품는 아이로 자랐으면 합니다.
형제가 서로 사랑하고 돌봐 주는 것처럼
피 한 방울 섞이지 않았어도 형제처럼 사랑하고,
국경을 넘어 다른 민족까지도 사랑하며, 가족처럼 생각하길 바랍니다.
1955년 해리 홀트가 코리아의 고아 8명을 가족으로 여기고
부모가 되어 주었던 것처럼 말입니다.

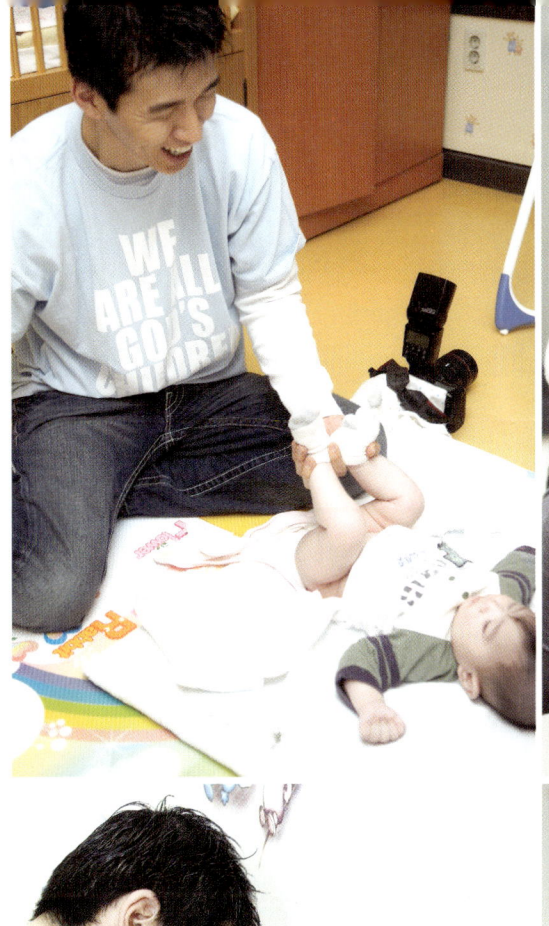

떠나보내는 마음

매달 한 번씩 홀트아동복지회 임시 보호소에 가서 아이들을 돌본다.
입양을 기다리는 아이들 12명 정도가 지내는 곳인데
생후 1개월부터 11개월 미만인 아이들이다.
보라는 스킨십을 좋아하고, 지연이는 성격이 조금 까칠하지만 웃는 게
너무 예뻐서 모든 게 다 용서되고, 작은 몸집의 윤아는 항상 안겨 있는 걸 좋아하고,
홍준이는 덩치도 크고 잘생기고 성격이 너무 좋아서
봉사하러 오는 누나들의 연인이고, 재민이는 의젓하고,
세나는 내가 가서 처음으로 안았던 아이…….
아이들과 만난 지 몇 달이 지나서 한 명씩 입양되기 시작했다.
처음으로 홍준이.
미국으로 출발하던 날, 홍준이는 다른 때보다 더 의젓했다.
아침 일찍 꼬까옷으로 갈아입은 홍준이를 안고
나는 에스코트를 위해 홀트 사무실에 대기해 있던 분에게 데려다 줬다.
차를 타고 공항으로 향하는 홍준이를 보니 가슴이 뭉클하면서
나도 모르게 눈가가 젖었다.
홍준이는 더 좋은 곳으로 가는데, 좋은 부모님도 생기고,

더욱 사랑을 받으면서 멋진 사람으로 자랄 텐데…….

그 사이 정이 많이 들었었나 보다.

아무리 좋은 환경으로 보내도 떠나보내는 마음은 쉽지 않은 것 같다.

그 후로 보라와 윤아(떠나는 날 못 가 봤지만),

세나(처음 안았던 아이라 더 마음이 그랬다. 가는 날 항상 남기던 우유도 다 먹고. ㅠㅠ),

그리고 지연이가 미국으로 갔다.

하나님은 예수님을 이 땅에 보내실 때 어떤 마음이셨을까?

내가 몇 달 본 아이를 사랑하는 부모님을 만날 수 있는 좋은 환경으로 보내는데도

마음이 아팠는데, 예수님을 하늘나라에서 땅으로,

그것도 근사하거나 멋진 집이 아닌 마구간으로,

그리고 편한 삶이 아닌 십자가에 못박혀 죽게 하시려고 보내실 때

하나님의 마음은 얼마나 아프셨을까?

하지만 나를 사랑하셨기에 하나님은 그 떠나보내는 마음을 감수하시고

예수님을 이 땅에 보내 주셨다.

나를 사랑하시는 마음으로 아픔을 달래시면서. SEAN

하음이는 돌잡이로 이웃의 손을 잡았다

하음이가 세상에 나온 지 얼마 안 돼서부터
하음이 돌잔치를 어떻게 할까 생각했었다.
아주 특별한 돌잔치를 준비해 주고 싶었다.
그래서 아이 돌보는 분을 쓰지 않음으로 해서 절약할 수 있는 돈과
돌잔치로 쓰이는 경비를 합쳐 특별한 이벤트를 준비했다.
그리고 아내에게 하음이 첫 생일에 돌잔치를 하지 말고 서울대학병원에 있는
아이들을 수술시켜 주자고 제안했다.
나에게도 너무나 소중한 하음이지만, 10달 동안 뱃속에서 키우고
또 배 아파서 하음이를 낳은 혜영이에게 첫아이의 첫돌은
매우 소중한 줄 알기에 무척 조심스러웠다.
하지만 아내가 흔쾌히 그러자고 했다.
너무도 고마웠다.
나의 의견을 존중해 주는 아내.
2007년 1월 24일 서울대학교 어린이병원에서
하음이의 작은 돌잔치가 열렸다.
우리가 모은 2,000만 원이란 돈으로
두 명의 아이가 심장병 수술을, 한 명의 아이가
인공와우 수술을 받았다.
그리고 우리 하음이는 돌잡이로 이웃의 손을 잡았다. SEAN

만 원의 행복 강의

아이섹(AISEC, 국제리더십학생협회)이란 단체에서 나눔에 관한 강의를 부탁해 와
며칠 후 강의 요청을 수락했다.
그러자 내게 사례비를 물어 왔다.
사례비를 받을 생각을 안 했던 터라, 학생들이 하는 거니 형편껏 달라 했다.
그랬더니 좋은 일도 하시는데 무료로 해 주실 수는 없냐고 물었다.
자기가 맡은 일에, 그것도 좋은 일에 최선을 다하는 모습이 좋아 보여 그러겠다고 했다.
'물어보지나 말지…….' ^^
나는 AISEC이 주최한, 이화여자대학교 '만 원의 행복 강의'에 필요한
특별한 이벤트를 나름대로 준비했다.
그것은 강의를 들으러 온 모든 학생들에게 만 원씩 나눠 주는 거였다.
듣거나 말하는 것보다 행함이 더 감동이 있기에.
200명이 조금 넘는 학생들에게 만 원씩 나눠 주고는 말했다.

"나눔은 연습입니다. 나눔은 행복입니다. 나눔은 행동입니다.
그리고 나눔은 우리가 살아가야 할 삶입니다.
돈은 값어치 있게 쓰일 때 제 가치를 합니다. 잘못 쓰면 독이 될 수도 있습니다.
저는 이 돈을 이렇게 쓰는 게 제일 가치 있게 쓰는 거라 생각하기에 여러분에게 드립니다.

이 돈을 그냥 제가 혼자서 기부하면 그건 나의 기부가 되지만
여러분에게 드림으로써 우리의 기부가 될 수 있다고 생각하기 때문입니다.
밥퍼는 최일도 목사님이 1989년 배고픈 어르신에게
라면 하나 끓여 드린 걸로 시작했지만 지금은 하루에 1,500명 이상이 그곳을 통해 식사하고 계십니다.
컴패션은 1952년 스완슨 목사님이 한국 전쟁고아들을 불쌍히 여겨 시작한 작은 나눔입니다.
그 작은 나눔이 당시 한국의 10만여 명 전쟁고아들을 양육했으며,
지금은 무려 전 세계 24개국의 약 80만 명에게 후원을 하는 기관이 되었습니다.
1955년 홀트 부부가 한국 전쟁고아 8명을 입양하면서 시작한 곳이
10만여 명의 아이들에게 가정을 찾아 주는 입양 기관이 된 것처럼,
**여러분이 만 원으로 하는 작은 결단이 시간이 지나 이 세상을 어떠한 모습으로
아름답게 바꿀지는 아무도 모릅니다.
그 아름다운 세상을 꿈꾸며 나의 기부가 아닌 우리의 기부가 되길 바랍니다."**

훗날 이 세상을 더 아름답게 만드는 단체가 있어,
사람들이 그들에게 어떻게 이 일을 시작했냐고 물을 때,
'2007년 9월 12일 만 원의 행복 강의에서 만 원의 나눔으로 시작했다'라는 답을 꿈꿔 본다.

SEAN

운동의 4가지 요소

군살 없는 몸 만들기란 쉽지 않습니다.
그냥 한 가지 운동만 매일 반복한다고 되는 것이 아닙니다.
거기에는 4가지 요소가 있습니다.
스트레칭, 유산소 운동, 근력 운동, 음식 조절.
이 4가지를 함께 꾸준히 해야 군살 없는 몸을 만들 수 있습니다.
이게 제가 트레이너와 함께 운동을 하면서 배운 겁니다.
그전에는 유산소 운동만 할 때가 한참 있었고,
또 한때는 근력 운동만 할 때가 한참 있었고,
그리고 음식 조절은 거의 안 했습니다.
스트레칭은 가끔 했습니다.
열심히는 했는데 별로 달라지는 게 없었습니다.
당연히 운동 안 하는 것보다는 좋았죠.
하지만 이제 바로 알았습니다. 조화가 필요했던 거죠.
스트레칭, 유산소 운동, 근력 운동, 음식 조절.

우리의 영적인 몸매는 어떻게 가꿀까요?
사랑, 찬양, 기도, 말씀인 것 같습니다.
이 4가지 중 한 가지라도 빠져 균형이 이뤄지지 않는다면
군살 없는, 멋진 영적인 몸매를 만드는 것은 힘들 것 같습니다.

스트레칭으로 부상을 방지하고 근육을 풀어 주고 유연하게 하는 것처럼
사랑으로 우리 마음을 유연하게 해서 아픔과 상처를 방지합니다.
유산소 운동으로 몸을 따뜻하게 해 주고 폐활량을 늘리고 칼로리를 없애듯
찬양으로 마음을 따뜻하게 하고 감사를 늘리고 불평을 없앱니다.
근력 운동으로 근육을 키우듯
기도로 더욱 담대해지고 예수님의 사랑을 키웁니다.
음식 조절로 비타민과, 근육을 키우는 단백질과, 몸에 필요한 다른 성분들을 섭취하듯
말씀으로 지혜와, 예수님의 사랑과, 영에 필요한 모든 것을 섭취합니다.
제겐 소망이 있습니다.
지금 군살 없는 몸을 만들려고 열심히 운동하는 것처럼
제 영적인 몸도 매일 운동으로 또 말씀으로 군살이 없어지기를,
그래서 예수님을 닮기를.
세계 제일의 육체미 선수 몸보다 더 완벽한 영의 몸을 가지신
예수님을 닮기를 간절히 소망합니다.
주님, 사랑합니다.

영적인 몸매 단련 중인 SEAN이

요즘 혜영이는 케이크 만드는 재미에
푹 빠졌다!

Ill Skillz
혜영이의 달란트

feat. 유지태

션은 예수쟁이다. 참 잘 사는 예수쟁이.
우리 주변에는 예수님을 믿으면서도 잘못 사는 예수쟁이들을 흔히 볼 수 있다.
언론을 통해 예수쟁이라 자청했던 연예인들의 부도덕함,
혹은 유명 목사님들의 부정한 삶의 태도를 종종 보게 된다.
예수쟁이들이 항상 비난을 받는 것은 이런 이중적인 삶을 살아가는
잘못된 예수쟁이들 때문이라 하겠다. '똥 묻은 개가 겨 묻은 개를 나무란다'더니
잘못된 예수쟁이들은 자신의 삶도 제대로 살지 못하면서 쉴 새 없이
'예수 천국 불신 지옥'을 외치며 전도를 종용한다.

잘못된 예수쟁이들에게 션의 가정을 통해 내가 생각한 전도를 말하고 싶다.
진정한 전도는 이 가정에서 보여 주듯
예수님을 믿는 가정이 행복하게 자신의 삶을 사는 것,
그리고 더 나아가 타인에게 귀감이 되는 삶을 사는 것이다.
션·정혜영 부부와 하나님의 마음 하음이,
그리고 하나님의 사랑으로 태어난 하랑이의 복된 삶이 곧 진정한 전도인 것이다.

예수님을 믿는다는 것은 사랑을 전하는 것이다.
사랑을 전하는 것은 남에게 자신의 것을 종용하는 것이 아니라
자신의 삶에서 타인을 진심으로 아끼고 사랑하며
삶을 행복하게 영위할 줄 아는 것이다.
이제는 믿는 자와 안 믿는 자를 구분할 것이 아니라
믿는 자 가운데에서 실천하는 자와 실천하지 않는 자가 구분되어야 한다.

"하나님의 사랑을 실천하는 예수쟁이 션의 가정에 언제나 행복이 가득하길 기도합니다."

유지태

혜영이가 만든 하음이 첫 생일 케이크

혜영이가 하루 동안 수고해서
하음이를 위해 예쁜 2단 케이크를 만들었다.
하음이에게 너무도 좋은 선물이 됐다.

주문받습니다. ^^

아이를 위해 뭐든지 해 주고 싶어 하는 나의 사랑스런 아내 혜영이.
하음이의 첫 생일에 당신은 최고의 것을 선택하기보단
최선을 다해 최고의 것을 만들어 주었고,
작지만 아름다운 것을 우리 하음이에게 주기 위해
가장 큰 것을 선택하기보단
포기할 줄 아는 현명한 엄마가 되어 주었어.
하음이도 당신을 닮아 예쁘고, 현명하고, 이웃을 사랑하는 아름다운 아이로 자랄 거야.
고마워, 그리고 사랑해! SEAN

요리 배우는 기쁨, 요리해 주는 기쁨

혜영이는 요리를 배우러 다닌다.
자신이 관심 있는 새로운 분야를 배우기 좋아하는 혜영이는, 요리를 배우고 온 날은
다른 날보다 더 활기차며 그날 배우고 온 요리에 대해 칭찬과 자랑을 늘어놓는다.
'요리 배우는 게 저렇게 기쁠까'라는 생각이 들 정도로
요리를 배우고 온 날은 즐거워한다.
하지만 혜영이의 요리 배우는 기쁨은 여기서 끝나지 않는다.
혜영이는 그날 저녁부터 나를 실험대상으로 자신이 배운 여러 가지 요리를 만든다.
이미 같은 요리를 하고 왔기에 같은 음식을 같은 날 또 하는 게 싫을 수도 있는데,
나에게 요리를 해 주는 게 기쁘다며 요리를 시작한다.
요리 배운 것에 대해 얘기할 때보다 더 기쁘고 신이 나서 요리를 한다.
혜영이한테는 요리 배우는 기쁨보다 요리해 주는 기쁨이 더 큰 것 같다.

나는 생각해 본다.
과연 배움보다 행함이 내게 더 큰 기쁨인지.
많은 크리스천들이 주일예배 외에도 수많은 성경공부를 한다.
교회에서, 집에서, 직장에서, 인터넷을 통해서……
나 또한 결혼하기 바로 전에 주일예배, 수요예배, 새벽예배 외에
일주일에 세 개의 성경공부 모임에 나간 적이 있다.
물론 성경공부를 통해 하나님에 대해 배우고 더 알아 가는 게 나에겐 기쁨이었다.
하지만 배우는 기쁨에서 끝난 건 아닌지 나 자신을 돌아본다.
요리해 주는 것을 기뻐하는 혜영이를 보며, 나 또한 매일
하나님 말씀을 행하는 기쁨을 느끼려고 한다.
하나님 말씀을 배우는 기쁨에서 끝내지 않고
하나님 말씀을 행하는 기쁨까지 이어지길 바란다.
하나님의 말씀을 행하는 것에 더 큰 기쁨이 있음을 알기에. SEAN

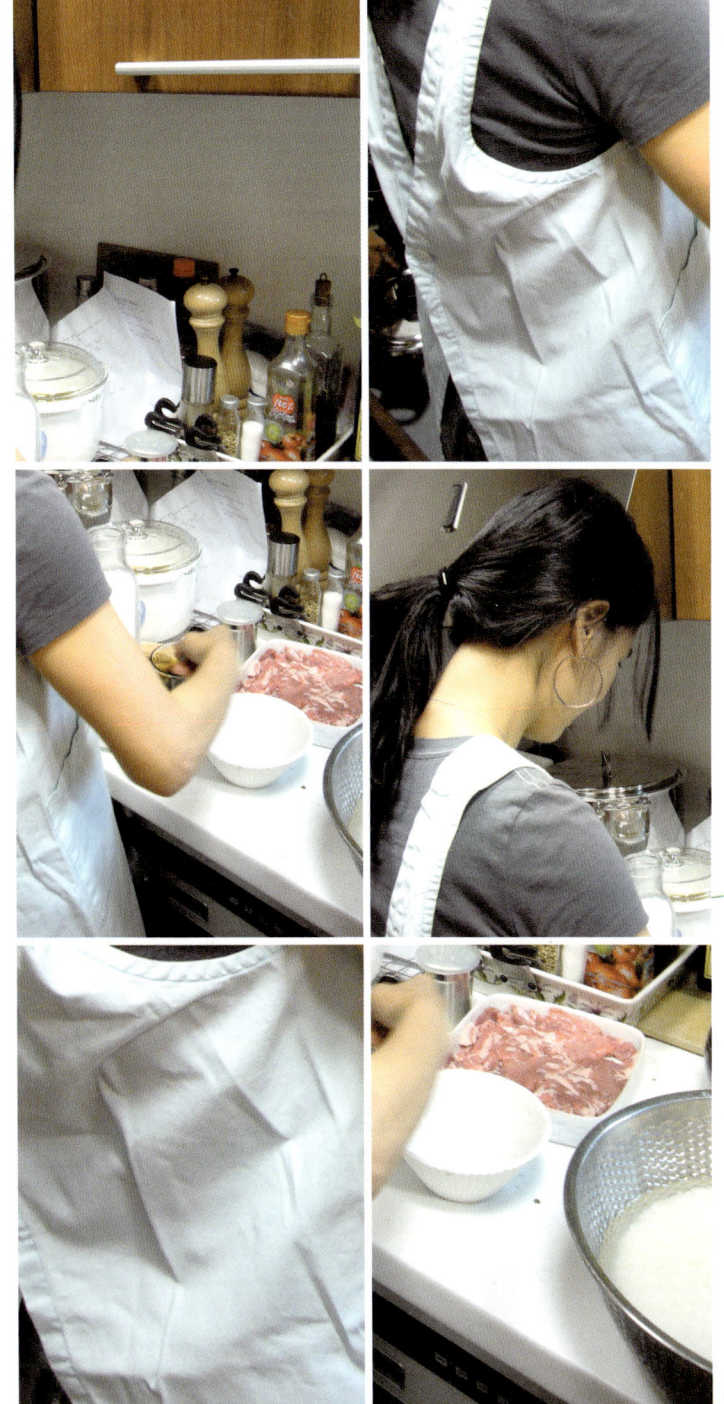

혜영이가 만든 **과일** 타르트 꾸울~꺽 맛있겠다! SEAN

RECIPE

과일 타르트

|재료|
설탕 50그램/달걀흰자 80그램/아몬드파우더 65그램/슈가파우더 50그램/박력분 20그램

커스터드크림
우유 200그램/바닐라빈 약간/달걀노른자 60그램/설탕 40그램/
박력분 8그램+강력분 10그램/버터 10그램

생크림 50그램+설탕 10그램+키르슈 3그램/계절과일/지름 18센티미터 무스 링

|다크와즈 만들기

1 머랭 만들기
달걀흰자에 설탕의 2분의 1을 넣고 충분히 거품을 낸 후(자동 거품기를 사용해도 무방)
달걀흰자가 크림처럼 단단해질 때까지 남은 설탕을 넣어 40초 동안 거품을 낸다.

2 가루재료 넣기
1에, 체 친 아몬드파우더, 슈가파우더, 박력분을 계란 거품이 꺼지지 않게 천천히 조금씩 나누어 넣어 가며 섞어 준다.

3 굽기
만들어진 반죽을 짤주머니에 넣고 18센티미터 무스 링 안에 돌려 짠다.
슈가파우더를 뿌리고 섭씨 200도 오븐에서 15분 굽는다.

|커스터드크림 만들기

4 우유 끓이기
바닐라빈을 갈라 씨를 꺼내어 우유에 함께 넣은 후 약한 불에서 살짝 끓인다.

5 노른자, 설탕, 가루 섞기
볼에 달걀노른자와 설탕을 넣고 잘 섞어 준 후 가루를 넣고 섞는다.

6 우유가 끓어오르면 바닐라빈을 꺼내고 5의 볼에 조금씩 부어 가며 섞어 준 후
다시 냄비에 붓고 불에 올려 중불로 계속 저으면서 냄비 밑바닥에서
보글보글 방울이 올라올 때까지 저어 준다. 불에서 내린 후 버터를 섞는다.
얼음물에서 중탕하며 섭씨 20도 정도로 식힌 후 표면에 랩을 씌워 준비한다.

7 완전히 식은 크림에 80퍼센트 휘핑한 생크림(설탕과 키르슈를 섞은 것)을 넣고 섞어 준다.

8 완성하기
다크와즈 위에 크림을 돌려 짜 준 후 다양한 과일을 올려 완성한다.

혜영이를 설득해서 케이크 가게를 낼까? ^^ SEAN

RECIPE

비슈쇼콜라

|재료|

달걀 104그램 + 달걀노른자 39그램/아몬드파우더 85그램/설탕 85그램/달걀흰자 78그램/
설탕 26그램, 39그램/박력분 26그램+강력분 26그램+코코아가루 16그램/버터 39그램

시럽
물 150그램+설탕 75그램+코코아가루 38그램

가나쉬
우유 145그램/다크초콜릿 150그램/생크림 150그램

1 시트 만들기
볼에 달걀과 달걀노른자를 넣고, 체 친 아몬드파우더와 설탕 85그램을 넣은 후
휘핑한다.

2 다른 볼에 달걀흰자를 넣고 설탕 26그램과 39그램을 나누어 넣어 휘핑하여
단단한 머랭을 만든다.

3 머랭의 볼에 달걀노른자를 붓고 주걱으로 천천히 섞으면서 체 친
밀가루(코코아가루를 섞은 박력분과 강력분)와 중탕한 버터를 넣는다.
반죽을 틀에 붓고 섭씨 170도 오븐에 넣은 후 약 35분 굽는다.

4 시럽 만들기
작은 냄비에 설탕과 코코아가루를 넣고 섞어 준 후 물을 조금씩 넣으면서
부드럽게 만든다.
불에 올려 섭씨 80도 정도로 살짝 끓여 준다.

5 가나쉬 만들기
냄비에 우유를 넣고 한 번 끓어오르면 불을 끈 후 다진 다크초콜릿을 넣어 녹여
준다. 얼음물에 중탕하여 온도를 섭씨 10도까지 식힌 후 80퍼센트 휘핑한 생크림
과 함께 섞어 준다.

6 완성하기
시트를 3장으로 잘라 시럽을 발라 준 후 냉장고에 잠시 넣었다가 사용한다.
시트 3장에 가나쉬를 나누어 얇게 펴 바른다.
다크초콜릿을 칼로 갈아서 위에 장식한다.

혜영이가 만든 티라미수 케이크

아는 분에게 선물한다고 가지고 갔다.
나는 운동 중이니까 먹지 말라고 했다. ㅠㅠ SEAN

RECIPE

티라미수

|재료| 원형 틀 2호 링(지름 18센티미터)/코코아가루

제누아즈
달걀 2개+설탕 60그램/박력분 60그램/버터 25그램

무스티라미수
달걀노른자 60그램+설탕 60그램/판젤라틴 2장/마스카포네(크림)치즈 250그램/생크림 200그램

시럽
에스프레소 커피 150그램+깔루아 20그램(물 100그램+커피 1큰술+설탕 1작은술+깔루아 1-2큰술)

1 무스티라미수 만들기
볼에 달걀노른자와 설탕을 넣고 섞어 준 후 끓는 물에 중탕해 충분히 휘핑한다.
물에 불린 젤라틴을 넣고 잘 섞어 준다. 실온에 둔 마스카포네치즈를 넣고 섞어 준다.

2 생크림 휘핑하기
생크림을 70-80퍼센트 정도 휘핑한다.

3 무스티라미수 완성하기
1의 반죽에 2의 생크림을 나누어 넣는다.

4 시럽 만들기
뜨거운 물에 커피와 설탕을 넣고, 진한 커피를 만든 다음 식힌 후 깔루아를 넣는다.

5 모양내기
원형 링 안에 제누아즈를 맨 밑에 깔고 4의 시럽을 듬뿍 발라 준 후 무스를 3분의 1정도 넣고
다시 제누아즈를 깔고 시럽을 바른 뒤 위에 무스를 얹어 윗면을 고르게 한다.
냉장고에 넣어 약 2-3시간 정도 굳힌다.

6 완성하기
굳힌 티라미수를 꺼내어 코코아가루를 체에 담아 고르게 듬뿍 뿌린 후 틀의 양옆을
뜨거운 수건으로 감싸 가장자리가 녹으면 살살 빼낸다.

올해도 어김없이 혜영이가 직접
하음이 생일 케이크를 만들었다.
너무 맛있어서 기절할 뻔했다.
둘이 먹다가 한 명이 기절해도 모를 케이크.

진짜…… 주문을 받아 볼까?^^ _{SEAN}

혜영이가 스와로브스키 크리스털로 만든 티셔츠.
저녁에 아이들을 재우고 새벽 2시까지 만든 옷.
하나하나를 핀셋으로 붙였다고.

내가 사랑할 수밖에 없는 나의 아내.
항상 아이에게 **최선으로 최고**를 선물하는 혜영이.
내가 정말 장가를 잘 가긴 잘 갔어. ^^
SEAN

이 세상에 단 하나뿐인 하음이 티셔츠.
왜? 내가 만들었으니까! ^^
HY

하음이의 영어이름 Lydia.
특별한 Lydia를 위해
내가 만든 특별한 티셔츠!
HY

핑크 퀼트 이불

막달에 하음이를 위해
퀼트 이불 3개를 만들었다.
하음이가 태어나 내가 만들어 준
이불을 덮을 생각을 하니
너무 즐거워!
하음이가 여자라면 내 손으로 만든
핑크 퀼트 이불을 덮어 줘야지. HY

하늘색 퀼트 이불 하음이가 남자라면 내 손으로 만든 하늘색 퀼트 이불을 덮어 줘야지. HY

205

야~신난다! 이건 하음이 꺼!

우리 집을 하트로 가득 채워야지!^^

혜영이의 포슬린 작품들
우리 부부의 티타임! ^^ BY

남편을 위해 만든 찻잔.

로즈 티가 어울리는
장미가 그려진 나만의 찻잔.

- **포슬린이란?**
  타일이나 도자기 글라스 등에 그림을 그린 후
  다시 한 번 굽는 과정을 통해 완성되는 것!

Jewelry box 내 마음속의 보석 상자. 우리 가족의 행복으로 가득 채워야지~. ^^ HY

Picture frame 우리 가족의 행복한 순간을 담는 곳.

Wedding plate 우리 결혼 기념으로 만든 접시. 앞에는 플래티늄으로 두르고
위에는 내 이니셜, 밑에는 남편의 이니셜로~. 뒤에는 성경구절과 결혼반지 그림을 넣었다.

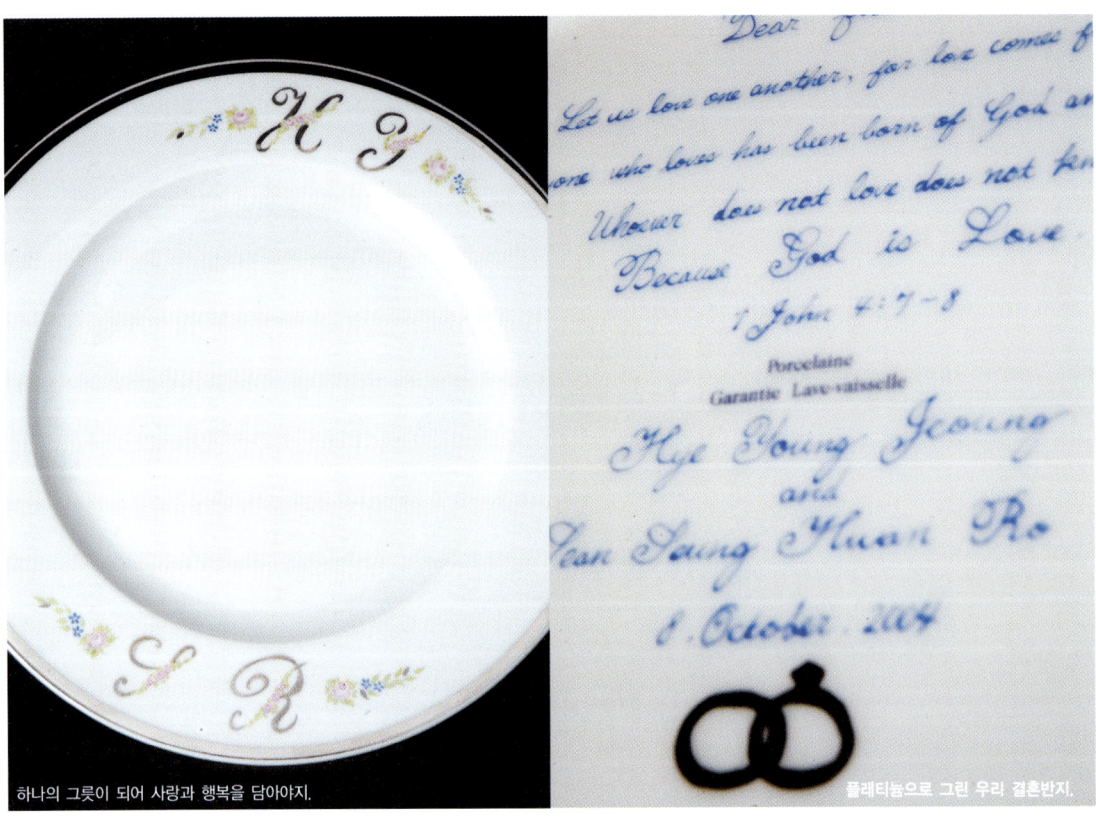

하나의 그릇이 되어 사랑과 행복을 담아야지.

플래티늄으로 그린 우리 결혼반지.

접시 뒤 성경구절은 우리 결혼식 청첩장에 있는 요한일서 4장 7절에서 9절 말씀!

Dear friends,
let us love one another, for love comes from God.
Everyone who loves has been born of God and
knows God.
Whoever does not love does not know God,
because God is love.
(1 John 4:7-9)

내 맘에 지닌 **성경**
말씀과 힙합 **열정**
내가 살아갈 길
다 하나님께서 **결정**
들어 봐, 내 모든 죄 **정화**
마음에 **평화**
귀한 말씀 **전파**
내게 주어진 명령
되라 세상 빛이
해라 저 많은 지친
영혼 위해 기도를
내가 가진 입지
Feel me **지금**
Rap을 하는 **기쁨**
불러 봐 hip hop이란 game 안에
복음 알릴 내 **이름**

지누션 3집 Ooh Boy Remix 중